言从之迈

王昭武访谈录

王昭武　口述

杨园章　编著

学苑出版社

图书在版编目（CIP）数据

言从之迈：王昭武访谈录 / 王昭武口述；杨园章编著. -- 北京：学苑出版社，2024.7. -- ISBN 978-7-5077-6993-7

Ⅰ．C955.2-53

中国国家版本馆 CIP 数据核字第 2024A54T48 号

出 版 人：	洪文雄
责任编辑：	陈　佳
助理编辑：	余兴亚
出版发行：	学苑出版社
社　　址：	北京市丰台区南方庄 2 号院 1 号楼
邮政编码：	100079
网　　址：	www.book001.com
电子邮箱：	xueyuanpress@163.com
联系电话：	010-67601101（营销部）、010-67603091（总编室）
印 刷 厂：	鸿博昊天科技有限公司
开本尺寸：	710 mm×1000 mm　1/16
印　　张：	17.5
字　　数：	210 千字
版　　次：	2024 年 7 月第 1 版
印　　次：	2024 年 7 月第 1 次印刷
定　　价：	78.00 元

本书系国家社会科学基金青年项目
"中国社会科学院民族学与人类学研究所藏庄学本摄影作品整理与研究"
（项目批准号：23CMZ042）阶段性成果。

本书获中国社会科学院"青启计划"（编号：2024QQJH146）、
中国社会科学院民族学与人类学研究所青年学者资助计划
（项目批准号：2023MZSQNZZ004）资助。

前　言

这是一项关于新中国民族研究的文化史考察。

本书通过对王昭武的系列访谈，呈现新中国民族研究及民族学复杂、多元的演变轨迹，探求理解中国民族学史的新思路。王昭武，1931年生，云南大理人，白族，1954年毕业于云南大学，同年分配至中央民族学院，1955年转入该校研究部，1958年归入中国科学院民族研究所（今中国社会科学院民族学与人类学研究所前身），后晋升副研究员，离休干部。在此，王昭武先生既是历史的讲述者，也是本书的研究对象。

实不相瞒，我一开始选择王昭武先生做访谈并没有任何"选题意义"层面的考虑，纯属缘分使然，带有很强的偶然性。不过，在后续访谈话题的构思，交流互动，乃至本书的创作中，我越发感觉到其中包含了必然，这一访谈实际是我博士论文关于"思想的追随者"的行动讨论的延伸和丰富，亦即，本书试图将我在明代泉州儒学案例研究中积累的思考用于理解、分析中国民族学史。

先说缘分。

2022年夏，我有幸到中国社会科学院民族学与人类学研究所工作，入职后，我面临研究转型的挑战。经过一段时间考虑，我初步计划从馆藏资料、文物入手，尝试做点民族学史研究。因缘际会，我申报的2023年度国家社会科学基金青年项目"中国社会科学院民族学与人类学研究所藏庄学本摄影作品整理与研究"获批立项，成为我正式转入民族学领域的契机。而民族所之所以能藏有这批庄学本先生摄影作品，正是源于王昭武先生在20世纪70年代的多方努力。经由庄学本摄影作品，王昭武先生同后来接手馆藏文物管理的乌云格日勒老师以及我构成了一条因果链，成为本书的缘起。

我明确产生要访谈王昭武先生的想法是在2023年9月12日，又是一次巧合。我一般11点去吃饭、睡觉，恰好那天中午研究室聚餐，我从14号楼收完衣服回来，在一楼等电梯，门开了，文献信息中心陈杰主任陪着一位老先生出来，指着我说："就是这个小伙子申报的课题。"我才知道，哦，原来这就是王昭武！很自然地，我俩坐在乌云格日勒老师办公室的沙发上聊起了庄学本和那段往事。在不到半小时的交谈中，王昭武先生提到了研究部，说起了在2号楼时的故人往事。我内心大受震动，涌上极其强烈的冲动："王老师，我想给您做口述史！"我说了说想法，他回应我，"好好好，有机会一起来做这个"。送别王昭武和乌云格日勒两位老师后，在走去聚餐的路上，我发微信和吴心怡讲王昭武先生惊人的记忆力，反复表达我的激动。她也很高兴，"要是成功做起来了，真是奇事一桩"。于是，就有了访谈王昭武。

4个月后，2024年1月22日，我跟随乌云格日勒老师第一次到刘家窑筑梦园拜访王昭武先生。有了乌云老师的介绍，我很快获得王先生的信任。截至2月7日，我一共去做了8次访谈，平均每次3小时，记录了丰富的信息。2月24日元宵节初稿完成后，我又于2月26日、2月29日、3月2日做了补充访谈，并请王老师辨认照片。滇桂黔边纵队的基层民族工作，云南大学社会学系、历史系教学，中央民族学院研究部往事，少数民族社会历史调查及其结束，民族志电影摄制，偬人调查，中国少数民族《画库》，民族研究所藏文物的搜集与整理，民族学展览……一个个记忆碎片构成了中国民族学的百年过往，排山倒海而来，在冬日余晖里，述者心醉，听者神摇。正是得益于王昭武先生惊人的记忆力、丰富的经历，以及最重要的，老先生的磊落坦诚和对我的充分信任，访谈顺利进行。

随着访谈的深入，我越发感觉到其中所隐含的必然的宿命。

王昭武先生几次提到，近年来他因为将手头资料系统整理后捐赠给所里，回去过几趟，但毕竟没有几位熟人，较少逗留，"小杨，我们是第一次见面，没想到你真的来访谈，要做这件事"。话里不仅有对缘分的惊叹，实际还带有疑惑。正如王先生在访谈中反复强调的，"我个人没有什么成就"。以一般的学术定位而言，王老师确实是一位平平无奇的民族研究工作者，值得为他专门写本书吗？在我而言，答案是肯定的。一如苏轼笔下的庐山，"横看成岭侧成峰，远近高低各不同"，中国民族学的历史图景丰富而多元，既有"人类群星闪耀时"，光彩夺目，也有"中人以下"，亦步亦趋，后者也应拥有属于自己的声音。

当然，更重要的是研究视角的不同。从学术史的逻辑而言，重要人物的所思所想以及所为毫无疑问是关注的焦点，但作为一项"文化史考察"，本书强调的是"思想的追随者"的行动：原先学术史叙述中的思想、学说，只有当它们被时人所追随、模仿，成为一种行动，才在本书中具有意义。换言之，我所在乎的并不是王昭武先生发表的论著、阐述的学理，而是他做了什么，为什么这样做，具体是怎么做的。"我无非就是捧着那几本《提纲》干""具体那些是领导的事，我不过负责跑腿",亲历过诸多大事件的王昭武,自然成为我们尝试考察中国民族学文化史时可遇不可求的绝佳案例。

在此过程中,王昭武先生对"访谈"本身的认识有了转变,从前述"我个人没有什么成就"到逐渐明确:"小杨啊,我越来越感觉到,你不是在采访我个人,我个人没什么好采访的,你是通过我来讲我们那一代人啊!""你来做这件事情对我们太有意义了,研究部、民族所,来了一拨人,又走了一拨人,还有些人都不知道怎么的突然就不见了,可是,后来的人谁又认识谁呢?"

作为"90后",我们这代人至迟在本科阶段已自觉、不自觉地受到后现代主义思潮的影响,我们逐渐清楚地认识到,口述史绝不是简单的采访和问答的转录,也不是什么还原真实历史的利器,我们必须承认它还是一场由双方共同设计完成的"表演",记忆争夺战的桥段反复出现。在与王昭武先生的交谈中,客观上讲,我没有描摹其讲述某句话时复杂的心理活动和丰富的微表情的能力。主观上说,一方面,我抛出的带有引导性的问题不过是我当前关注的议题,以及我所能认识到的,对后来者可能有用的信息;另一方面,作为被重新编辑的叙述,本书一开始就注定会受我个人认识、能力的深刻影响。因此,我必须郑重声明,王昭武先生只是信息的提供者,任何由于主客观原因造成的误会,责任一概在我。

最后,就本书编写体例稍加说明。

其一,本书采用王昭武先生第一人称视角叙述,在保证行文顺畅、内容准确的前提下,尽可能使用其原话,不另做文辞修饰。

其二,本书大致以时间先后为序,设置若干主题,将数次访谈内容拆分,归入相应主题,连缀成文。因此,存在事情发生在前而叙述在后,或同一件事分在各处叙述的情况。

其三，本书以"编者按"的形式，从历年《中国民族研究年鉴》"学者访谈"栏目、郝时远主编《田野调查实录》（社会科学文献出版社，1999年）、揣振宇主编《伟大的起点》（中国社会科学出版社，2007年）、俸代瑜主编《追忆与传承》（广西民族出版社，2013年）、中央民族大学民族博物馆编《中国少数民族社会历史调查·访谈录》（学苑出版社，2018年）等书摘录相关内容，或作为背景，或作为补充，或作为对照，以呈现时代群像。除收入于前述各书者外，王昭武先生其他与本书主题相关的回忆文章、学术论文也以"编者按"的形式补入。

其四，本书"编者按"内，非全文或连续文段引述者，标为"（节选）"，并在省略处以"……"注明；同时，适当删去引文小标题，修改明显有误的文字和标点符号，必要时对引文重新分段。

其五，王昭武先生先前已写作回忆文章若干篇，但因角度不同，本书只择取其中部分内容编入正文，另将文章全文置于本书"附录"，以便读者参照。

其六，本书插图皆系王昭武先生提供。照片中人物可辨识者较多时，尽可能逐一说明，偶有遗忘或者不确定，以"（？）"标识；可辨识者较少时，只能有选择地注明相关信息。

杨园章

2024年3月6日

目 录

第一章　少年边地闹革命 ……………………………………001

第二章　平生初识民族学 ……………………………………025

第三章　桂海南北访旧事 ……………………………………055

第四章　东拘西扯岁如流 ……………………………………091

第五章　悠游库里江湖远 ……………………………………127

第六章　日月还复故人来 ……………………………………155

附录Ⅰ　赵玉英女士访谈 ……………………………………179

附录Ⅱ　《毛难（南）族〈画库〉拍摄提纲》………………185

附录Ⅲ　王昭武先生回忆文章 ··· 203
烂泥冲的拂晓 ··· 205
中央首长为我们壮行 ··· 210
有关"物归原主"的记忆 ·· 220
我们对壮族的调查丰富了史书记载 ·· 227
在云端上的瑶家 ··· 234
毛南族调查的回忆 ··· 239
梦回"毛南" ·· 243
在西藏的归途中 ··· 248
他在"科学的春天"里获得第二次学术生命 ··································· 254

后　记 ··· 263

第一章 少年边地闹革命

我父亲原名王鸿恩，后改王渐逵，晋宁人，云南旧式人物，在当时是有名的教育家。我母亲杨淑辉，大理白族，老家在洱海边上马久邑。我出生在昆明。

我父亲是贫农家庭出身，十几岁才开始上学，只读到初中，又读的师范，后来在昆明当省立昆华小学校长。那是龙云统治云南时期全国有名的小学之一，1936年评比，全国第二名。

> **关于昆华小学、王渐逵，可参见冯光（洸）等人回忆（节选）：**
>
> 云南省立昆华小学（以下简称"昆小"）创办于1930年，前身是云南省立第一师范（1933年改称省立昆华师范）的省立附属小学。校址原在光华街原制台衙门（云贵总督府）即今胜利堂内……
>
> 校长王渐逵原名王鸿恩，1898年出生在晋宁县新街区三槐村一个贫苦的农民家庭（其父名凤义，母郑氏，膝下有六男一女，他排行第四）……1912年，曾在北京参加过戊戌政变的老教育家钱平阶先生在家乡晋宁县城兴办义学，免费招收平民子女入学。王的父母听到有让子女读书的机会，虽然家庭经济很困难，也毅然送他到县城读

书……读完小学后，由于家庭困难，再也无力升学，被推荐到家乡附近的方家营小学任教……1920年，在钱平阶先生和二哥沛恩的鼓励资助下，他辞去教职，考入全部公费的云南省优级师范就读。1924年，以品学兼优毕业，遂留昆明市立十七小学任教。由于出众的教学才干，任教三个月后就被提升为该校校长。在昆明教育界初露头角。

1930年，云南著名教育家杨天理（燮卿）充任省立昆华师范学校校长。为了增强该校的附属小学（即省师附小），即将他所器重的王渐逵聘任为附小主任（后任校长）……由于教学工作出色，经常有送子女来校请求就学者，甚至有辗转托人要求入学者，纷至沓来，应接不暇。因此，学生竟由200多名逐年激增，高达1800多名。誉满全省，名列全国第二（第一是扬州小学）……

1938年秋，日机轰炸昆明，迨至1939年，学校亦中弹被毁，乃迁校于晋宁县城……这所小学不仅让原在昆华小学的学生得以复学外，还吸引了晋宁各乡子弟。为了方便学生就近求学，又在新街建立第二分校……

1943年，王校长积劳成疾，体力已日愈不支，难以再支持工作，不得已报经省教育厅核准辞职，由缪子春老师接任校长……1945年，王校长病愈后，应晋宁县长丁育德的邀请（在这之前，他不计名利地位，谢绝昆明市长罗佩荣再三聘为市教育局长的邀请），甘愿回乡任只有三个职员的晋宁县教育局长……

王校长于1951年12月1日逝世，享年53岁。

——冯光、马荣柱、王婉君等《云南省立昆华小学史略》，载中国人民政治协商会议云南省昆明市委员会文史和学习委员会编《昆明文史资料选辑》第27辑，内部发行，1996年，第213—217页。

图 1-1　王渐逵（右）与杨标（左）相聚于颐和园，1936 年

我外祖父是一个在洱海边打鱼的渔民，跟着当时的新潮流，到大理做学徒，做买卖，又到昆明卖鸦片。结果发展起来，卖鸦片卖到了上海、广州、武汉，可是大水一淹，全军覆没，破产了，又回到大理。回到大理，把以前剩下的东西收集起来，开一个小中药铺，中西药房吧，靠那个过日子。我外祖父重男轻女，他只有1个儿子，有5个姑娘，嫌女儿多，说生一个女儿就是丢了一只箱子。因为大理白族每一个女儿要陪嫁一只箱子，给她放些衣服啦什么的。这些看你财力了，但起码也是有只箱子。我外祖父就只重儿子，不重姑娘。我唯一的舅舅叫杨标，唐山交大毕业的，茅以升的得意学生，后来到美国康奈尔大学学土木工程。我母亲就嫁到昆明，嫁给了我父亲这么一个穷酸秀才过了一辈子。

　　我母亲很能干，在昆明武成路开一间小杂货铺，先卖杂货，兼做手工，后来就是裁缝店。在国民党时候，公教人员生活上非常困难，我父亲即使有名，但实际工资收入养活不了一家人，都是靠我母亲做买卖。我母亲会经营，开店攒点钱，买点田地，接济我那些亲戚。当时的云南，遍地抽大烟，我父亲兄弟里面就他不抽。买了田地给他们种，你可以使用，但所有权归我，也不要你上租。所以，我说我是不缺吃不缺喝但没有零用钱的家庭，属于中下层的家庭。

　　我前头一个姐姐，一个哥哥，各差1岁，我打小身体比较好，比我姐姐、哥哥都好，长得高大一些。小儿子嘛，父母也放松一些，所以我小时候比较活跃。我小学也是读的昆华小学，因为我父亲是校长嘛，我记得处分我们要双倍处分，要严格对待，挨打的时候人家是打一下，我要打两下手掌心。我又调皮，哪能安安心心的。抗日战争时期，日本老轰炸昆明，我们待不下去，回大理喜洲，继续读小学。大理有四大商家，董澄农、严子珍这些，他们在喜洲办了五台中学，严

| 第一章 少年边地闹革命 | 007

图 1-2 王昭武全家福，1936 年

前排左起：王昭武、王琬君、王昭文；后排左起：杨标、王渐逵、杨淑辉

图 1-3　昆工晋宁同乡欢送李王三君毕业纪念，1945 年 6 月 11 日

王昭武（后排左一）、王昭文（后排右一）

子珍弟弟的老婆董淑川办了淑川小学。我就在淑川小学继续读书。从小我父亲教我古文，让我站着读，一段一段背古文，背一些文章啦，古诗词啦，所以后来我读古文都比较容易。

当时能读到中学的基本上都是地、富子女，一般穷人，像我们这样说是自由职业者家庭读书的也不多。1942年，读中学，是昆明的昆华工校，锉点螺丝啊什么的，没学到东西。初中也有一门英语课，但那是一个偏僻的小中学，请不来老师，只请了一个门童出身的传教士Martel来教课，可想而知那个水平差劲极了。他教ABCD，教你读L-E-S-S，Lesson One！他讲话的腔调，我印象很深。所以初中是不断从ABCD学起，一直学到高中，简直是一塌糊涂。我哥哥留了一级嘛，变成和我同班。

到了高中，1946年了，我读私立求实中学，是个老牌学校，当时老师全部是西南联大的学生，对我影响太深了。刚开始，中学里能请到一个西南联大的学生去教书很不容易，他们不轻易去的。西南联大发展以后，几百个大学生毕业以后找不到工作，就到中学去教书，昆明的学校满了以后，偶尔有几个能够到下边去的。解放以前，教书是最穷的，待遇很低啊。西南联大在校的学生们也得生活，就开始出来兼课。也正是有了他们，当时昆明的教育水平一下子提高了。求实中学里很多都是西南联大的学生，我的班主任王世堂就是西南联大的学生，调到学校做联络工作，他来了以后发展了一批党员。你看，像杨苏、杨洛庚、王正尧这些都是我们班同学。国民党统治的时候，那几个省立中学进不去，我们这些私立中学比较容易安排，主要是靠我们私立中学的学生去冲击。

图 1-4 求实中学高六班全体师生，赴晋宁吃李惠人同学喜酒，趁此春游，经昆阳乘木船返昆，历时一周，访问金山寺等村，班主任王世堂（联大学生，共产党员）同行，1948 年 2 月

王世堂（坐，前排左一）；马一骥（坐，前排左三）；李星文（坐，后排左一）；董海平（站，左侧，左一）；伍大希（站，左侧，左二）；王正尧（站，左侧，左三）；王昭武（站，右侧，二排右六）

| 第一章　少年边地闹革命 | 011

图1-5　求实中学高六班级友会，1949年5月8日

沈成达（一排左一）、孙顺华（一排左五）、王昭文（一排左八）、李舜华（二排左三）、黄慧英（二排左五）、王祖望（二排左七）、赵其禄（三排左三）、王昭武（三排左四）、李星文（三排左五）、陈芝洁（四排左二）、王继光（四排左三）

> **关于当时求实中学的情况,可参见王素回忆:**
>
> 解放战争时期,昆明市地下工委书记陈盛年、区委委员王世堂,中共党员王维彩、吴国珩、曾庆铨等,都在求实中学任教、进行革命活动,1947年建立"民青"支部,1948年建立中共党支部,中共党员和"民青"成员有30余人。
>
> ——王素《忆求实中学的革命斗争》,载中共云南省委党史研究室等编《黎明前的学运大潮:纪念昆明七·一五爱国民主运动50周年(下)》,中共党史出版社,1999年,第244页。

学生之间互相传达消息,西南联大的学生会一有活动,我们这些中学生首先响应,晚上我们经常就到西南联大的广场上参加学生运动。我在当时算是中学生里比较活跃的,我参加过李公朴的报告会,听过吴晗、闻一多讲话。闻一多死的时候我还亲自到他尸体面前。很少有人敢去,我小孩嘛,十五六岁,也没人管,就敢去。开追悼会送葬那天,在操场上烧,没人敢去,我小孩儿嘛,有什么好顾虑的,就去。我父亲最讨厌我,他说:你知道吗,政治是最肮脏的东西,教书最清高,不要去参加什么党派,扯上你,你就倒霉,甩不掉的,搞政治的人没有好下场。他最反对我参加学生运动,说搞学生运动要杀头的,就希望我平平安安地过一辈子。本来因为我在中学的时候表现得很积极,参加"新世纪"歌咏队,表演话剧,编剧、导演《扫除垃圾》话剧,组织上就要培养我,叫我参加党的外围组织"民青"(MC),我受我父亲的"坏影响",想起他叮嘱我的,一些事干可以干,但不要参加任何组织,要明哲保身,就没有参加。

图1-6 《人之初》之演员，1947年

导演、编剧：范启新

演员：张曼华、李厚本、胡芳淑、李灿国、李舜华、郭增、王昭武（王昭武扮演三老爷克明，后排右二）

图1-7 "新世纪"歌咏队队友旅行海埂留影,1949年7月中旬

王昭武(后排左八)

结果呢，国民党镇压学生运动，我们学校被攻破了，打来打去。那时候，我才知道原来我的老师是共产党员。受到进步思想影响，我反而跟他们走得很近，干得更厉害了，于是1949年春节，我在同学陈复英的介绍下秘密加入了民主青年同盟。组织上就通知我，准备下乡，这里只能是搞学生运动，秀才造反三年不成，要干得到地方上去干，我也就下定决心跟他们走。章述秦是从部队回昆明医病，他联系的我。那是1949年了，解放战争的形势明朗了，共产党的影响很大，昆明学校里边公开宣传，边疆也要起来响应中央的号召。

我是1949年9月跟着去的元江。有一天，特务盯上了我，堵在家门口，我姐姐塞了20块银圆给我，让我赶紧从后门跑，找到章述秦，他就让我先出发。我给家里留了一封信，说我不是失踪，是到山那边跟国民党干。我父亲接到这封信后思想也发生了变化，就说我这儿子还有胆量敢去，就骂我哥哥说他不成器，你看你兄弟都敢到边疆去干革命，要拼就拼了。我哥哥很受刺激，马上找到章述秦他们，联系地下党，说要走就一块走。三天后，章述秦带着我哥哥他们十几个人一块来了，他想立功嘛，带一批人下乡。我在半道等他们，一看，我哥哥也跟来了，但他没有什么准备，就提了些月饼，还以为是旅行去了，我就把我带去的毛毯剪了一半给他。

我是有组织联系的，到了地方把关系也转过去。我哥哥他们几个是临时来的，情况不同，所以后来就分开了。我们先到元江干校，集中培训，实际上是一个过渡，看你适合做什么工作，分派到哪里。在元江干校半个月后，我就被安排到前线，46团政治处，主任是普照，属于滇桂黔边纵队第10支队，打游击，搞宣传工作。那时候的学生很值钱啊，能够到底下去的人里，像我们这些中学生就已经算是知识分子了。我哥哥留在地方，当乡镇干部，赤手空拳，后来据说是，

图 1-8 去"边纵"前，1949 年　　　　图 1-9 云南"边纵"战士，1950 年

5月份入的党，结果，6月份就在西双版纳的门口被国民党的军队杀害，牺牲了。我们到地方都要用化名，因为我母亲姓杨，所以我在"边纵"的时候叫"王扬"，后来云南都叫我"王扬""王扬"。

> **关于"边纵"10支队的情况，可参见相关论述（节选）：**
>
> 　　1949年7月"边纵"2支队12团和挺进支队在元江洼垤合编，建立中国人民解放军滇桂黔边纵队第10支队……下辖两个主力团，即挺进支队改编的46团和12团改编的47团。"边纵"10支队建立后，首先开赴红河南岸建立根据地，然后，转向个（旧）碧（色）石（屏）铁路向南北两侧推进，与各县护乡团密切配合，在卢汉起义前后解放了元江、龙武、石屏、建水、曲溪、金平、个旧、屏边、开远、河口等10座县城，并配合野战军追歼国民党逃军。部队发展到两个主力团2500余人和11个护乡团（队）5700余人，为红河地区的解放做出了贡献。1950年3月，"边纵"10支队奉命撤销，所属团队改编为蒙自军分区独立团及各县公安大队，支队及团队领导干部大部分转入地方工作。
>
> 　　——李期博主编《红河哈尼族彝族自治州哈尼族辞典》，云南民族出版社，2006年，第39页。

当时国民党第八军等几万人集结云南，准备跟共产党拼到最后，结果卢汉中间来个起义，云南很快就解放了。四野和二野，陈赓、宋任穷他们，解放军开进云南，四野朝边境上打，把国民党打垮了，就逃走一个第八军的李弥，跑到金三角。当时边境上还全都是土司，有些上层也是反动得很，他江山被你共产党端掉了，他不干了。结果呢，我们是打到最后的一拨人，1950年我们还成天打仗，1月几号吧，才基本上把他们消灭。3月份吧，我回到元阳，又派我去金平县，做征收粮食和开辟新区的工作。

算起来，我在边境打仗就打了一年多，也就是在那时候，我才真正意识到少数民族穷困到何种程度。我在昆明起码还有吃的，有衣服穿，那些民族地区天天都没吃的。当地的土匪其实就是矿工，经常和我们在一块混的，他们就是我们所说的"卖身工"，日子真苦。一进去以后，三块花洋，老板就把你买下来，下矿洞，把衣服裤子全脱了，晚上回来。就等于是卖身投靠，病、死是你自己的，一年苦到头可以让你回去两天，第二年再花钱买你。那些矿工都是些少数民族，我跟那些人处得相当好。看他们，我才理解什么叫作穷。吃没吃的，穿的衣服就是一个破麻衣，一家大小，你进家里边，没有一件像样的东西。什么叫家徒四壁，真的是什么都没有，也就是一个破罐儿，一个锅在那儿。

红河石屏有个老雄甸，原来叫老熊甸，后来叫好听点就改成老雄甸。那个地方是这样，就一个汉族寨子，占了一大片山林，周围都是彝族、哈尼族。本来嘛，汉族进来后，带来了铁制农具等工具，提高了生产水平，受到当地欢迎。可是，国民党统治时期，就利用这个村子制造民族矛盾，变成汉族寨子奴役周围的少数民族，形成了领主经济。他们只与外地汉人结亲，每家都有自己的少数民族佃户，村寨里有几户要负责供应他们吃的喝的，世世代代做他们这些家族的奴隶。唉，比奴隶还差劲，完全没地位，吃的、用的、人身、脸皮，什么都没有。哦，我才慢慢理解，民族压迫是怎么一回事。后来1955年到了研究部，改行了嘛，我还写了篇《老雄甸的解放》，介绍当地情况。我在第三研究室，当时几个人都围过来看，哎哟，这是什么，没见过。我说就是原原本本讲一讲我的经历，至于学术嘛，实在谈不上，后来也没有发表。

我在"边纵"直接做这个工作，发动群众起来运动。你要发动群众，首先要选最穷最苦的人，最穷最苦的就是少数民族。到少数民族地区以后，我们现在看到的哈尼族、彝族还是好的了，他们里头还有等级更低的，各种等级的最穷最困难的人，我们就要去做他们的工作。这些人做了工作以后，革命最坚决，跟你跟得最稳，只要有一点后路走的人他就跑了。我在"边纵"时就是发动群众，空着两只手，到老百姓家里，就靠一张嘴跟人家讲，谈我是来干什么的，你们是怎样的苦，要怎样翻身，从各方面来引导他。于是，组织农会，组织武装，把国民党的区政府、乡政府整个端掉。然后，武工队、正规部队过来接手。我们先赤手空拳打前哨，摸清情况，这里具体有哪家，是在什么地方，哪个有钱，哪些是要害人物。部队进去以后，就把那些头头揪出来，该斗的斗，该整的整，该押走的押走，老百姓就起来了嘛。

刚开始我们在边疆也搞清匪反霸，减租退租。后来，我们采取和缓的政策和办法，凡是对共产党友好一点的，就不打你，把你整个家包下来送到昆明，让你不再去剥削老百姓。我养你花不了几个钱，但那个地方没有他们去，方便开展工作了。所以毛主席说，必须弄清楚那个地方的民族特色，不能乱搞一气，人家已经靠拢你了，愿意领你的工资，你还去打人家，不得人心。老百姓的觉悟也是逐渐提高的。但是你不能说，你剥削压迫少数民族是正确的。少数民族群众和头人隔开，背靠背斗争，群众可以诉苦，但是我们不拿来批斗靠拢的头人，都是采取一些比较和缓的、能接受的政策。

1950年八九月份，国民党李弥的部队打进来，我们所在的金平县县城被包围了一年多。国民党联合那些反动土司，欺骗县里几千老百姓，说去县城领粮食。土官是土皇帝嘛，老百姓听他的，几千人就围城，共产党处在孤立的状态，我回不了县城。老百姓对我挺好，没把我杀掉。

关于当时金平县的情况，可参见王平曾回忆：

> 四区者米、茨通坝在土匪暴乱时已成为真空。建政初期，童荣曾带领护九团一大队约五六十人作为四区的基干队到达茨通坝开展工作。不久，由于居住高山的哈尼族、瑶族，不适应矮山炎热气候，多数人患疟疾病倒。这支基干队不得已，只好全部撤回县城，再也没有返去。四区从此就没有固定的武装力量。童荣走后，四区的工作分别交由李青、王仰之、王昭武等同志负责。不久，李青也患恶性疟疾逝世了。王仰之同时病危被送回县城治疗。这时，四区只剩下王昭武、普×强和几个征粮队员坚持工作。原来依靠旧乡长李增祥进行的征粮工作，随后也停顿下来。这时土匪暴乱的风声在群众中广泛传开了，群众不敢接近政府工作干部，更不敢向政府交售公粮。由于气候的恶劣，加上周围土匪的暴乱，区上的干部和征粮人员，今天走几人，明天走几人，纷纷被迫离散，有的回到县上，有的回到二区。当时的者米、茨通坝，地处偏僻，人烟稀少，气候恶劣。当地傣族小土司王文龙（元阳中学学生）虽在群众中有一定威望，因实力单薄，无足轻重，影响不大，故茨通坝不是土匪活动的主要目标。但是，由于周围地区土匪活动猖獗，靠拢政府的群众纷纷建议暂时撤离，坚持工作的王昭武、普×强两人也在地处边远、孤立无援、四方音讯杳无、难以立足的情况下，最后离开了茨通坝。在他们与王文龙告别时，曾以忠言相告，要他相信共产党是一定还

会回来的，希望他深明大义，保护群众的利益，不要做不利于人民的事。

——王平曾《金平县解放的征粮剿匪斗争》，载云南省历史研究所编印《云南现代史料丛刊》第3辑，1984年，第111—112页。

回到蒙自以后，组织把我调到铁路上工作，讲共产党的故事，教唱革命歌曲。后来我说，我已经离家一两年了，要求回去探亲，交通又方便，坐火车就可以直接回昆明。我向上级请假，把手枪交给县里，就回昆明。我姐姐就告诉我，你那么年轻，才十八九岁，要想当兵就好好当兵，当干部，争取入党；要不当兵，就好好读书。当时就这么两条出路。我就跟县委书记打了个招呼，便去考大学。当时哪里敢抱希望，你想都丢了两年了，还读什么大学嘛。结果嘛，因为刚解放，云南缺生源，我居然考上了云南大学。

1951年，读大学第二年，我参加了两次"土改"。第一期就是普通工作人员，到社会学系了，派到蒙自县，干了3个月。第二期继续"土改"，因缺干部，我们文法学院的学生全部留下，因为我从部队、从边疆回来的嘛，当过副区长，就让我来抓一个乡的"土改"。在建水县施家寨乡，是彝族聚居的地方，带着历史系、中文系的几个学生一起搞了4个月。唉，差点被杀了。那时候周边有土匪，治安不好，我们去搞的那个地主本身就是大土匪，姓龙。他被我们抓住后说，王队长，我在山上看见你一个人走来走去，我想你还是个小孩，所以我没有动手，不然你早没命了。当时，我们的权力很大，可以组织力量抓人、枪毙人，我们枪毙了两个恶霸地主。

那时候我父亲也去世了。我们家原来买了些田地借给亲戚种，解放以后，虽然没把我家搞成地主，但也够受的了。以前，卢汉要教育

图 1-10　蒙自土改小洛鹫小组，1951 年

第一排左起：杨树谷、张鸿荃、龙心有、陈嘉珍

第二排左起：（？）、苏斗辉、王昭武、刘琼华

士兵，就把我父亲请去，做个政工处处长。哪知道，解放军来了以后接收了这批部队，士兵放回，所有当官的全部留下来整训，我父亲就解释不清。我父亲他毕竟是旧式人物，思想还转不过来。"土改"来了，他害怕，就跳井自杀了。

我母亲就是少数民族，但落后的少数民族都在边疆。我到底下去以后，周围都是哈尼族、彝族、苦聪人啦，我接触的少数民族都是最苦最穷最落后的，我对他们的处境体会更深，对他们感情也特别深。特别是生啊，死啊，天天都在生死面前。我感觉到，原来革命是那么样的一个事情，既有乐趣，也有危险，既有生，又有死。

第二章 平生初识民族学

我是1950年读大学,先在云南大学法律系,我不习惯坐在法庭里给人家谈是是非非,不适合做官,于是第二年就改读社会学系。后来嘛,思想改造运动,院系调整,社会学系被撤销,一部分人并到经济系,搞劳动工资,我们部分人被并到历史系民族史专业。当时历史系分两个班,一个我们叫"正史班",一个就是民族史班,方国瑜主管,杨堃当民族史研究室主任。

大学四年就没真正读过多少书,第一年在法律系,第二年参加"土改",第三年思想改造,第四年毕业,算起来也就读了一年多的书。课程嘛,我已记不清楚了,第一年在法律系,有"政治课""中国文学名著选读与写作""中国近代史""民法原理""城市政策法令";第二年就在社会学系,上学期参加"土改",下学期学"政治经济学""人类学""语言学""中国民族问题与政策""社会调查与研究";第三年学"中国少数民族语言""中国少数民族史""辩证唯物论""马列主义名著选";第四年学"马列主义民族理论""西南民族史""云南民族史""中国少数民族语言"。俄文是第一、三年,体育课一直都有。

当时社会学系没什么老师,开不出太多课。"马列主义名著选"

后来取消了，据说是教书的老师本身有问题。民族政策是当时云南民委主任侯方岳来教，因为刚解放，谁讲得了中国民族问题、民族政策？他原先是西南联大的学生，为了做地下党工作，读了8年，解放后任边工委书记，民委主任，好像讲过《共同纲领》。辩证唯物主义是金琼英老师教。我记得，杨堃给我们教人类学，一上来讲"人类学"英语叫什么，法语叫什么，然后解释一下是研究什么东西，他讲话又不清楚，说了半天不知道在说什么，讲了一学期，他莫名其妙，我也莫名其妙。因为解放以后，我们谈的都是阶级斗争，讲社会发展史，按照不同社会制度，不同生产力发展，人类社会如何从奴隶社会到封建社会，我们讲的是这些。也不能怪他，他根本没学过这套东西。方国瑜给我们讲云南民族史，"汉习楼船，唐标铁柱，宋挥玉斧，元跨革囊"喽，一段一段历史跟你讲，他讲课效果就很不错。我本身也是少数民族，我也想了解了解祖宗的来历，对少数民族有兴趣，我对他们有感情，所以改系以后，就一直读少数民族史，学出兴趣来了。江应樑讲西南民族史，他讲课很受欢迎。刘尧汉当时是助教，教社会调查。傅懋勣也给我们教课，那时候正给少数民族创造语言文字，我们班的学生好多人都去学语言，我不像严汝娴她们有语言能力，我没这天赋，学起来很吃力。助教周耀文，广东人，傅懋勣助手，后来一块带到民族所里工作。

关于新中国成立后云南大学社会学系教学情况，可参见相关研究：

1951年7月暑假开始，系主任杨堃教授和刘尧汉讲师率领民族学专业组学生17人，到武定县洒普山乌龙乡和山居村、猫街等苗族村寨和彝族村寨，进行民族学社会调查。学生在教师指导下运用课堂学过的理论和方法，收集到大量调查数据及相关资料，不仅为后来研究工作打下了基础，也丰富了专业知识；在做社会调查的同时也根据武定县党政领导的要求，宣传党的民族政策，做了大量的团结教育少数民族工作。同年，他们又到禄劝县的萨米答拉山岩上拓印了古彝文石刻，为国家保存这一珍贵文物做了一件具有抢救性的工作。

——刘兴育主编《云南大学民族学人类学史略》，云南民族出版社，2009年，第109—110页。

关于当时云南大学历史系授课情况，可参见徐志远回忆：

杨堃教授在云大给我们上过"原始社会史"，这门课程对我后来了解原始社会的情况很有帮助，佤族就处于原始社会末期。方国瑜教授讲的"云南民族史"使我对云南民族的概况有所了解。

——徐何珊《徐志远访谈》，载郭净等编著《中国民族志电影先行者口述史》，云南人民出版社，2015年，第165页。

又，参见严汝娴回忆：

因为我在云大上学时师从傅懋勣先生学习语音学和语言学，就被分配从事语言调查工作，主要是记录少数民族语言的基本词汇，分析其语法结构，整理出音位系统，然后由语言学家结合历史、文化习俗等方面的材料进行综合分析，最后做出判断。

——严汝娴《民族大调查：难忘的岁月——摩梭"母系亲族"被发现》，载揣振宇主编《伟大的起点：新中国民族大调查纪念文集》，中国社会科学出版社，2007年，第112页。

> **又，参见和发源回忆：**
>
> 1952年院系调整后，社会系停办，转读历史系民族史专业，修云南民族史、东南亚史、通史、民族学、语言学、西洋哲学史、政治经济学、俄语等课程。
>
> ——和发源《和发源纳西学论集》，民族出版社，2010年，"治学情况自述"，第1页。

我们那个班里什么家庭出身的人都有，年龄也差很多。尤中，他原来读"正史班"，读完以后调到我们民族史班，后来搞民族史搞得很有名的，还送过我他写的书。刀世勋是西双版纳的土司，二品官，最后的"傣王"。龚肃政是梁河傣族土司的儿子，他们都是搞傣语的，是傅懋勣很亲近的学生。刀世勋后来到北京，就在我们所里，他爱人也在所里搞傣语。刀世勋两年前过世了[1]，我到云南还给他做过一个口述记录[2]。赵大富，云南人，后来在《贵州民族研究》当编辑，几十年来我们关系一直很好。

大学快毕业了，我母亲给我置办了一套新衣服，那时候好容易才穿一套新衣服，就拍张照留念，所以才会有云南大学的校徽。我姐姐读的云大外语系，学俄语，1953年分配到了北京，在轻工业部当翻译。

---

1 即2017年。——编者注
2 后以"傣族金伞献给毛主席"为题发表于《百年潮》2011年第5期。——编者注

图 2-1　云南大学社会学系全系师生在筇竹寺，1954 年 4 月

图 2-2 春假,全级在筇竹寺,1954 年 4 月

一排左起:(?)、(?)、(?)、肖庆文、严汝娴、(?)、高曼云

二排左起:(?)、(?)、(?)、和发源、龚肃政、王昭武、王耀知、官开甫、尤中、(?)、高吉昌、段春华、(?)

后来，把我分配到了中央民族学院马列主义教研室，当助教。当时我们系到北京的人不少。和发源，纳西族，参加过地下党，要求回来读书。他学习好，分配到北京的同学里只有他到国家民委，后来又改到中央民族学院，教民族语言。"文革"时期他调回了丽江，搞纳西族古文字也很有名。王耀知是调到《民族画报》搞摄影。高季秋和邹孟仪是并到经济系的同学，后分配到劳动部。官开甫，跟我一块分到了

图 2-3　毕业留影，1954 年

中央民族学院，教马列主义，后来又到宁夏大学、云南民族大学。黄宝璠，和田继周一块在云南搞佤族调查。他家庭出身不好，"文革"时期被人造反，往死里打，想不通自杀了。严汝娴，是刘尧汉夫人，他俩先后来了民院研究部，后来调到民族研究所，研究摩梭人，做得很不错。好几年前，她妹妹和女儿刘小幸还来家里看我，小幸在美国教书，她自然也就过去了。高吉昌、高曼云和段春华都在中央民族学院研究部。高吉昌，被错打成"右派"后，和丁玲她们一块到东北挖战壕，"摘帽"后，又被分配回云南。高曼云，她爱人是勘探队的，因照顾夫妻关系，后来回昆明了。段春华，云南边疆的白族上层人士，到北京以后因未受党重用，就不讲话，不上班，整天在宿舍睡觉，研究部也拿他没办法，最后被开除公职，遣送回籍。他在半道趁着送他的人事干部睡着时跑了，至今下落不明。除了这些同学，高建芳和陈天锡是云大医学院的，分到了北京，自然就与我们经常聚在一起。

图 2-4 在京同学在苏展馆,1955 年春
一排左起:官开甫、高吉昌、王耀知、刘小幸、王昭武、(?)
二排左起:严汝娴、邹孟仪、陈天锡、高建芳、高季秋、高曼云

图 2-5　在京同学在民族学院研究部门口，1955 年

左起：王昭武、王耀知、官开甫、高曼云

当时民族学院就一个大礼堂，再有1号楼、2号楼、3号楼、4号楼，还没有6号楼，研究部是在2号楼。马列主义教研室在2号楼一层，和研究部在一块。研究部里燕京、清华、北大、辅仁过来的教授相当多，像潘光旦、吴文藻、费孝通，他们都是很有名的民主教授，由他们来搞。除了我所知道的那些大教授，研究部还有一批统战人士，什么人都有。我们教研室都是党、团员嘛，那时候总觉得是高人一等，就盯着他们。大家出来散步、做操的时候，就会指指点点说，这个是什么人，那个是什么人，所以我都认得。你看像马鹤天，国民党蒙藏委员会主任，我压根和他没接触，但他人长得高高大大，很容易认，也不吭气，很谨慎。金在冶，据说是军统特务，也见过。宪度之，川岛芳子的弟弟，伪满洲国的王公贵族。1955年，"肃反"以后，有些人好像糊里糊涂的就不见了，我们也不敢多问。当时《联共（布）党史》还没公开出版，我们就是到人民大学去学，倒两道手，觉得没意思。我说，这是干吗，我又没学过马列主义，我又不懂。1955年10月我就调到了研究部。说是调，其实就是换个办公室。

研究部有三个研究室，还有翻译室[1]、图书资料室、文物室。翻译室在三楼，二楼是第一、第二研究室，我们第三研究室在一楼，图书资料室、文物室都在一楼。

> **关于当时中央民族学院研究部建制变化，可参见王建民研究：**
> 　　按照筹办中央民族学院的试行方案，最初研究部"按民族或几个较为接近的民族分为若干研究室"，基本上按照区域（包括若干较为接近的民族）划分研究室，设有藏族研究室、东北内蒙民族研

1　即编译室。——编者注

究室、西北民族研究室、西南民族研究室、中南民族研究室和图书资料室。分别由冯家昇、翁独健、翦伯赞、林耀华、潘光旦、汪明瑀担任各室主任。1953年下半年，又增加了国内少数民族情况教研室，由吴文藻任主任，组织并为中央民族学院各系、科讲授民族情况课程，并将属于院部、杨成志任主任的文物室划归研究部。陈永龄、沈家驹担任研究部秘书。最初的设计还计划将研究室进一步分割，逐步建立回族、彝族、苗瑶、壮傣、滇边民族、海南民族、朝鲜族等研究室。由于过细的划分影响了研究工作，1954年，研究部机构调整，按相近民族划分，合并为三个研究室，第一室主要研究西北及东北的各民族，主要是阿尔泰及通古斯语系的各民族；第二室研究藏族、彝族以及与彝族联系密切的诸民族；第三室研究西南和中南各民族，主要是壮族及苗瑶语系的各民族。

——王建民、张海洋、胡鸿保《中国民族学史·下卷（1950～1997）》，云南教育出版社，1998年，第74页。

又，参见雷俊对施联朱的采访：

施先生随林耀华先生一道从燕京大学来到民族学院。当时在中央民族学院研究部成立了3个研究室，第一研究室主要从事北方民族的研究工作，由翁独健先生任教研室组长；林先生在第二研究室，主要研究西南少数民族和藏族；施先生则被分在了第三研究室，从事中南、东南民族研究，组长为潘光旦先生，费孝通先生也在这一教研室。

——雷俊《聆听施联朱先生的学术与人生》，载施联朱《民族识别与民族研究文集》附录，中央民族大学出版社，2009年，第762—763页。

第一研究室，冯家昇，搞回鹘文、维吾尔族研究的专家，后来派去当新疆组组长，带王良志他们几个去新疆，他内行啊，年轻人都尊重他。程溯洛，四十多岁，不讲话，好好先生。傅乐焕，四十来岁，搞女真史、满族研究的专家。他爱人叫陈雪白，比我们大一些，也就二三十岁，广东人，很热情、很热闹的一个人，也在第一研究室。陈述、王锺翰和傅乐焕差不多大，陈述搞契丹文，王锺翰搞满族研究，他后来调去专门搞教学了，教学效果比较好的。贾敬颜，老北京人，很圆滑的，经常是"哈哈哈哈"，他女儿好像也带过来了吧。我记得是请他讲课，他就说古文句读最基本也最难，给我们举例"借问酒家何处有，牧童遥指杏花村"，大家都很熟悉，但它也可以读成"借问酒家，何处有牧童，遥指杏花村"，意思完全不同了，我印象很深刻。楚明善，蒙藏委员会蒙事处的处长，老先生，很和气，不跟人来往，但他熟悉那些史料，哪本书在什么地方他清楚。汪公量，汪明瑀的叔叔，讲师。穆广文，讲师，好像跟冯家昇、程溯洛他们搞什么资料，后来调走了。阿勇绰克图，蒙古族，人很单纯，在一块就"嘻嘻哈哈"，后来调回内蒙古了吧。

陈永龄，三十来岁，副教授，费孝通最嫡系的，一个他，一个宋蜀华，后来提拔为调查组办公室主任，我们几个姓王的年轻人给他打下手。耿杰，讲师，清华来的，超龄团员，后来提做工会副主任，能说会讲，搞贵州调查，我们在一起过团组织生活，所以印象很深。吕光天，辅仁大学来的，和我同岁吧，我们几个年轻人都在一块打乒乓球，他分到东北组，搞朝鲜族调查，一直在咱们所里。他爱人是所里医务人员，女儿吕丽萍。王良志跟我一般大，辅仁大学的学生，随着汪明瑀她们一批调到研究部，最早是跟陈永龄、宋蜀华去西北调查回民，后来到调查组，跟冯家昇一块去新疆。他说，哎哟，新疆搞不来，太难了。回来后，要求去福建搞调查，到1980年的时候，他害病了，在火车上犯心脏病就死了。哎哟，大家还埋怨说，都病了还派他下乡。还有就是前面说的，马鹤天、宪度之和金在冶都在第一研究室。

第二研究室，是林耀华、宋蜀华他们。王静如，搞西夏文的老专家，调查组时去了贵州。李有义，燕京大学毕业的，从云南大学去的西藏，做国民政府蒙藏委员会驻藏办公室的秘书，在西藏待过一段时间，后来在所里任民族学研究室主任。当时西藏上层内部搞暴动，把祁却才仁、热振杀了，陈锡璋、李有义、柳陞祺、陈乃文他们这一拨人就去了印度，后来又到了北京。陈锡璋是驻藏办公室主任，柳陞祺是他英文秘书。回来后，柳陞祺被安排到研究部，陈乃文也因为这层关系到了民族学院读书，后来自然也就进到藏族组。王森，比李有义年纪大，北大来的，当时只是讲师，专门搞古藏文。王辅仁，燕京那批学生，相当出类拔萃的，后来成为很有名的专家。没来北京前我就认识王辅仁了，1954年他跟着林耀华去云南和傅懋勣他们一块搞民族识别，我们在昆明见过。那时候云大历史系大三的那班同学全部参与到他们的调查，我们毕业班不参加。等我来了北京，又碰上了。他是很活跃的一个人，相声说得好极了。那时候研究部搞活动，冰心来参加，对他的表演赞赏有加。1952年院系调整，燕京大学民族系研究生班过来的人就定讲师，大学毕业的就定助教，陈凤贤、施联朱他们定讲师，黄淑娉、王辅仁是助教。他们搞西藏研究的，最需要到地方调查，但不是想去就能去。后来从马列学院调来刘忠参加藏族组，他是党员。

> **关于柳陞祺回国一事，可参见柳陞祺回忆：**
> 在拉萨待了五年之后我到了印度，后来回到了国内。他们看了我写的一些笔记，就把我安排在了民族学院的研究部，我就这样走上了这条路，你不想也不行。
> ——伍昆明《柳陞祺先生访谈录》，载揣振宇、华祖根编《中国民族研究年鉴（2002年卷）》，民族出版社，2003年，第417页。

吴丰培，专门搞图书资料，北京哪个地方有旧书，有少数民族古籍他最清楚，他专门买书，这人有特长，属于讲师以上的干部。刘尧汉、严汝娴夫妇在第二研究室，当时不是院系调整嘛，刘尧汉是费孝通的学生，自然就说调来北京。刘尧汉很坎坷，他党员都不是，被整成什么"托派组织者"，宣布"确系反革命分子"，整得一塌糊涂，后来做出很重要的研究，成就很高。周汝诚，纳西族的老先生，后来回丽江搞纳西文研究。王恩庆，年纪不大，不吭气，有没有参加过调查组我闹不清了。蔡绍庐，蔡廷锴的姑娘，燕京来的。马恩惠比我们大好几届，四几年就毕业，是研究部里云大社会学系的"老资格"，她爱人嘛是北大中文系的教授阴法鲁，自然就跟着来北京工作，也因此她和老专家们关系很亲密。她是回民，她爱人是汉民，去世后是到牛街按照回民的习俗操办。高家乐，年轻干部，也就比我们大一两岁，搞南方民族研究。我们班的高吉昌也在第二研究室。

我属于第三研究室，潘光旦当主任，我办公室在一楼靠西边的左边第三间。汪明瑀，副教授，辅仁大学家政系，我们当时开玩笑说那是国民党的姨太太系。她原来不搞民族研究，来了以后跟潘光旦做助手，搞调查。潘光旦被打成"右派"，她也被打成"内控右派"。她丈夫是北大的研究人员，也因此离婚了。在广西调查组时，她和我在一块，所以我熟悉。她胆战心惊的，不敢多说话，我们也觉得，没必要嘛，不忍心整人家。杨成志，搞文物的老专家，研究部专门有个文物室，就是他和胡先晋几个人搞。沈家驹，从燕京大学过来的讲师，党员，原来做过地下党工作。蒋家骅，云南人，龙云的秘书，科长级干部，是契丹啊还是什么族的后裔，后来是调到云南民族学院吧。

施联朱、杨自翘和我在一个办公室待过，施联朱搞畲族研究，杨自翘搞贵州研究，后来搞土家族研究。胡克瑾，燕京来的，说话轻声细语，经常和汪明瑀一块，走到哪儿跟到哪儿。胡克瑾爱人是河南拖拉机制造厂的工程师，后来照顾夫妻关系，调过去了。陈凤贤，讲师，广东人，和施联朱是燕京大学研究生班同学，跟着林耀华来研究部。黄淑娉，也是广东人，和王辅仁是燕京社会系同学，他们是学生，分过来就当助教。她是团小组组长，负责教学。在民院升教授后，调到中山大学。她在中山大学还接待我，哎哟，老朋友。她是比较好的，林耀华很亲近的学生，很受重用。刘振乾，据说在云南调查组时被打成"右派"，回不来了。秦运，不声不响的一个人，下去调查后回来我还见过一次，1958年就没见他了。我们班的段春华、高曼云也在第三研究室。王晓义，燕京毕业的，跟18军进藏，那可不是一般的经历。回来后就到研究部，我们几个年纪相仿，老在一块。王晓义是埋头苦干的人，扎扎实实的，费孝通很倚重的一个人。潘光旦忙，我就记得他给我开了一个书单，有《云南通志》等旧书籍，再加上马列主义的《家庭、私有制和国家的起源》，他就讲，你们不读书，来谈民族问题不好谈，没法谈。在研究部那两年，没有谁授课，主要是自己看书，也培养出一些学习能力。

图书资料室，孙钺，讲师级干部，北大来的，懂古书，搞资料的。吴恒，燕京大学跟林耀华一块过来的，广东人，副教授。调他搞彝族研究，调查组时候好像没下去。胡先晋，混血儿，高鼻子，黄头发，北京生长的，讲一口北京话，北大来的，专门管文物、图书室工作，在一楼靠南边背阴，那边全是放书的地方。后来是当杨成志助手，搞文物。尹文成，北大来的，年轻的时候被日本人抓去日本做劳工，挖矿，回国后就到北大做学徒工，专门学制图，后来又到研究部，专门画地图，民族分布情况什么的。魏治臻，四川人，熟悉各种图书，是咱们民族所图书室负责人，也是最得力的人。他爱人张景兰，也在图书室，一直在所里。孟吟，费孝通爱人，那时候是院长夫人，但跟我们都客客气气的。郑启媛，北京人，比我年纪稍微大点，我还去过她王府井的家里面。崔笠堂、叶美棣，都在图书室。

研究部搞研究要下乡，要到边疆地区，要"三同"，同吃、同住、同劳动，男同志相对好一点，女同志确实不方便，所以一般比较年轻的女同志都安排去民族学院教民族情况。沈瑶华，副教授，广东人，《黎族》电影脚本就是她写的，她爱人在吉林省民委，她完成广东调查回来后，为照顾夫妻关系，就调过去了。朱宁是吴恒的爱人，与王辅仁同班，后升讲师，和黄淑娉一起教书。其他像严汝娴、蔡绍庐、陈雪白、陈凤贤，都在民院教民族情况。

杨成志负责文物室，展出很多民族服饰、雕像，介绍中国少数民族基本情况，专门对外宣传。我记得，有个李观达，管文物和接待。1955年，周总理到民院视察时还和他握手，说你们辛苦了。我们大家都说，你小子福气好，还和总理握手。

> **关于当时中央民族学院的文物陈列室,可参见赵培中回忆:**
>
> 院系调整时,清华大学民族文物室的全部民族文物移交给中央民族学院。吴老即着手筹备中央民族学院文物陈列室,吴老被任命为文物室主任,杨成志为副主任。这个文物陈列室,是以清华大学和原中央研究院移交的文物以及中央访问团、视察组采集的文物为基础,经充实后筹建起来的。1953年吴老调离北京,去了成都。此后,在杨成志、胡先晋教授主持下,由吴老在清华时的助手刘冠英,国家民委参事吴仲芳和陈文鉴等同志,接手具体工作。当时,我在调到中央民委工作以前,也参加了这一工作。1953年底,这个文物陈列室正式展出并对外开放,它是当时宣传我国少数民族文化的一个"窗口"。毛泽东、刘少奇、周恩来、朱德等党和国家领导人,陪同一些国家的元首,多次去参观过。
>
> ——赵培中《我心目中的一代师表——为庆贺泽霖师执教60周年暨90寿辰而作》,载赵培中主编《吴泽霖执教60周年暨90寿辰纪念文集》,湖北科学技术出版社,1988年,第130页。

那时候民族学院成立一个民族学班,请苏联专家切博克萨罗夫来。我们就从人民大学借来几个人,像金天明、阮西湖、李毅夫,专门做翻译,他们都搞过俄文翻译的,苏联专家走了他们自然也就留下来,人家不能老让你借用嘛,就在翻译室。一开始是金天明,上海人,后来才是阮西湖,福建人,再来了李毅夫。金天明一直在民族学院,后来说愿意跟林耀华当学生,转去搞民族学了。李毅夫反应很快,高度近视眼,苏联专家说什么他立马翻出来,大家都公认他是第一翻译。他人很好,从来不招惹是非,从来不议论谁,就住在东大桥,前两年他爱人给我打了个电话来,说他病故了,向我致意。汤正方,

1958年从苏联回来就在研究部，后来一直在所里边，比我大一岁。

> **关于编译室，参见高文德回忆（节选）：**
>
> 　　根据上级指示，我们那一届学生提前毕业。7月[1]，我被分配到北京，进入中央民族事务委员会参事室，负责俄文翻译工作……1955年1月，我被调入中央民族学院研究部编译室。编译室当时办有《民族问题译丛》月刊，定期发表相关译作。
>
> ——邱永君《高文德先生访谈录》，载中国社会科学院民族学与人类学研究所编《中国民族研究年鉴（2013—2014）》，中国社会科学出版社，2018年，第303页。

我见过切博克萨罗夫，他夫人是蒙古族，我们都认识他，很有架子。我没专门听过他的课，听我们那些老专家私下里讲，没有什么了不起的，跟欧美一样，就是搞一些风俗习惯、生活习惯啊，物质啊，加一点斯大林的辩证法，他讲的东西我们都知道，我讲的还比他要好。

当时研究部里基本都是民主教授、统战人士，我是共青团员，几百人的研究部就我们几个团员，党员嘛，就一个杨玉山，回族，从朝鲜回来的志愿军战士，一个沈家驹。所以后来研究部才会被叫作"知识分子大窝点"，这些知识分子都是旧社会过来的，要不就是封建知识分子，要不就是资产阶级知识分子，要不就留洋的，都有千丝万缕的关系，要揪都有问题。我们研究部每一次搞运动，没法搞的，因为没那么多党员，所以基本上是民委直接派一些司长带着统战部的档案来，搞得很左，"文化大革命"搞得那么厉害。

---

[1] 指1953年7月。——编者注

语言室是在6号楼，我只知道他们原来是语言所的一个组，苏联专家来了，民族学院语言系那一班毕业了，1956年成立了少数民族语言研究所，比民族研究所早，1962年两个所合并。傅懋勣教过我语言学，他是罗常培的学生，很有能力。他爱人徐琳，白族，也是搞语言的，都在咱们所。罗季光、王均都是跟傅先生在一块，罗季光主要搞广西研究，王均他们搞彝族研究。王辅世也搞语言，在咱们所，和他弟弟王辅仁大小差十来岁，当过图书馆馆长，他爱人应琳也在所里，搞语言、搞民族学，后来好像是在图书馆，我到他们家去过。高尔锵、胡增益、李树兰、刘照雄、孙宏开他们是北大语言专修科的同班同学，很早就来的，胡增益和李树兰是一对。我们和语言室的人真正融合那是集中到院部，到干校之后，"文革"结束并到6号楼了，以前没什么来往，都在底下各忙各的。

> **关于当时两所的一些情况，可参见李树兰回忆：**
>
> 光阴似箭，转瞬间已过去了50个年头了。回想起刚诞生不久的民族研究所是坐落在中央民族学院的2号楼，而我们少数民族语言研究所1959年从端王府旧址搬迁到民族学院的6号楼，两个研究所是在同一个大院的邻居，后来又变成一个研究所，成为一家人了。
>
> ——李树兰《走进往事》，载中国社会科学院民族学与人类学研究所编印《中国社会科学院民族学与人类学研究所成立五十周年纪念文集·治学往事》，内部资料，2008年，第212页。

民族学院家属院盖了一些教授楼，要够级别才能住。管总务的是个湖南人，高高个子，管住宿，当时我一个光杆儿，他就把我分到教授楼里，先搭个铺，有教授来了我就搬出来。原来民族学院很大，紫竹

图 2-6　中央民族学院宿舍前留影，1955 年

王昭武（右一）

院包括在民院范围里,我还住过紫竹院旁边小草棚子里。1956年我们下乡走了,回来后也搬到城里,住在美术馆后边一个小房间里。

> **关于当时中央民族学院的一些情况,可参见欧米加参回忆(节选):**
>
> 在1953年12月初的一个晚上,我们到达了北京老火车站。由于天色太晚,北京的市容是什么样,一点也没有看清,就被汽车接上,径直来到了法华寺——当时中央民族学院的文工楼……那时候的中央民族学院,没有一个高层楼,给我们住的二层楼房是比较好的楼。楼后面有个小山坡,上面还长着两棵树,山坡下面有个洞,在四周满是杂草和石堆,可能是过去有钱人的墓地,因为从洞里挖出了两块破棺材板……是檀香木做的棺材……现在中央民族大学幼儿园斜对面,有个平房式小酒店,我们几乎每天都在小酒店里喝酒玩乐,别的什么地方都不敢去……一个多月后,工作队领导同志重新给我们新来的同志安排住处……其他单身男女都安排在中央民族学院的2号楼里。
>
> ——欧米加参《新中国第一代藏族舞蹈家欧米加参回忆录》,民族出版社,2020年,第211—213页。

1956年,要去调查了嘛,我们就在民族学院1号楼组织了一个学习班,把从各个省调来的人,主要是研究部的,再加上人大搞马列的,北大搞考古的,集中起来学习。那时候1号楼还没有装修,我们借过来用,都是在走廊上走来走去。研究部把王晓义、王良志我们几个姓王的调到办公室,给宋蜀华、陈永龄他们当助手。

图 2-7 原中央民族学院研究部人员,1961 年
左起:耿杰、王辅仁、王晓义、王昭武、王良志

关于研究部办公室的情况，可参见王晓义回忆：

中央民族学院还成立了"民族社会历史情况调查队办公室"。6月4日把我正式调入这个办公室，与陈永龄、宋蜀华、王良志、王昭武及总务科的一个人一起工作。

——王晓义《记少数民族社会历史调查》，载揣振宇主编《伟大的起点：新中国民族大调查纪念文集》，中国社会科学出版社，2007年，第76页。

关于王昭武在办公室的活动，岑家梧《关于民族社会历史调查研究的一些问题》的注释提供了信息：

1956年6月25日在北京全国人大民委组织的少数民族社会历史调查组会上的专题报告。本文根据王昭武记录的油印稿整理，略有删节。

——岑家梧《岑家梧民族研究文集》，民族出版社，1992年，第292页。

关于1956年大调查前的学习，参见王昭武旧文：

自新中国成立以来，各民族地区发生了天翻地覆的变化。然而，因各种历史原因，各民族的社会发展极不平衡，情况比较复杂，因而在各地进行民主改革或社会主义改造的过程中，出现了各种各样的民族问题。只有摸清情况，才能有效地开展民族工作，解决各种民族问题。

为此，毛泽东主席高瞻远瞩，于1956年2月及时发出了关于进行调查研究的重要指示。据彭真同志传达，毛主席指示的主要内容是："全面开展对我国各民族社会历史情况的调查，争取在4—7年内，摸清各民族的基本情况，弄清他们的社会性质。"这是党交给民族工作者的一项光荣任务。我们闻讯后心潮涌动,巴望早日投身于民族大调查的行列。

民族大调查工作由全国人民代表大会民族委员会负责。时任全国人大民委主任的刘格平同志特邀著名民族学家、中央民族学院副院长费孝通参与筹划。他们决定以民院研究部的人员为基础,从全国各部门物色人才,并把他们集中到民院进行准备工作。

在费先生的主持下,由陈永龄、宋蜀华先生组成秘书组,吸收王良志、王晓义、王辅仁、王昭武等人,参与接待从北大、人民大学、中央党校、中国科学院历史所和经济所、民族出版社以及全国各地商调来的二三十人,让他们和民院研究部的30多人一起,住进民院刚刚建起的一号楼毛坯房内,进行业务学习。

4月的民院春意正浓,校园里春花怒放,但深居一号楼的人们却无心观赏,他们正聚精会神地埋头学习。由于旧中国的科研底子太薄,可供参考的相关资料十分欠缺,有些民族的情况一片空白。面对即将开展的民族大调查任务,除努力学习马列主义相关著作外,还需寻找前人撰写的民族研究论文和民族调查报告,积极开展讨论。

为了提高学员的政治思想水平,统一大家对民族调查工作的认识,人大民委领导传达了毛主席发出的"百花齐放、百家争鸣"方针的精神;请中央民委领导做了关于中国民族情况和民族政策的报告;组织大家旁听了中央首长的时事或政治报告;传达了周总理和陈毅副总理在广州的《讲话》,该《讲话》阐明了新中国广大知识分子是中国工人阶级的一部分,使人心胸开朗,增强了对祖国的责任感。

百忙中的费孝通先生,特邀著名民族学家岑家梧教授远从武汉赶来,协助他精心安排学员的业务学习。历史学家杨向奎、中国科学院新疆分院副院长谷苞和岑家梧教授等人,以我国黎族、彝族、维吾尔族的社会现象为例,分别做关于原始社会、奴隶社会、封建社会三种社会形态的报告。后来又请翦伯赞、裴文中、向达等历史名家做了精彩的专题报告,他们提出了当时史学界一些悬而未决的问题,并瞩望通过民族大调查,以各民族中残留的古代社会现象作为活的例证,寻觅对于一些有争议的问题的科学解答。这引起了与会人员的极大兴趣,在讨论中各抒己见,使大家开阔了眼界。民院的教师以及民院历史系研究生班的师生也为之吸引,他们十分珍惜这个难得的学习机会,纷纷前来旁听。成百人挤进报告会场,有些人全程参与学习和讨论,气氛十分热烈。

除了学习有关理论和民族知识外,我们还交流科学的调查方法。秘书组将全体人员分别编入原始社会、奴隶社会、封建社会三个组内,使之学习、讨论各有侧重。同时每组设专人负责,把不同社会形态的主要内容和特征,分门别类细化成若干问题,最后形成原始社会、奴隶社会和封建社会的调查提纲,供调查者参考、使用。调查提纲在调查实践中发挥了作用,尤其对新参加调查的人员帮助很大,使他们熟悉了调查内容和要求,初步掌握科学的调查方法。

当年6月底,紧张的学习行将结束,出发的准备正抓紧进行。人大民委决定,先成立8个民族调查组,即云南、四川、新疆、西藏、广东、广西、贵州、内蒙东北组,各设调查试点,待取得经验后再全面铺开。后来为了便于领导开展工作,广东与广西组及湖南与贵州组先后分开,各自独立成组。

根据工作需要和本人意愿,北京的调查人员被搭配分入各组。参加云南、四川组的人较多也较强,但每组不过十余人。其他各组只有七八个人或四五个人不等。因当时西藏情况特殊,只派出三人到西藏组。此时中央统战部和人大民委已通知相关省（区）的统战部和民委，在当地选派精兵强将，等待与北京去的人员会合，共同组建调查组开展工作。

人大民委领导十分重视发挥专家的作用，委派费孝通教授兼任云南组组长、冯家昇先生任新疆组组长、李有义先生负责西藏组。西南民族学院院长夏康农任四川组组长，中南民族学院副院长岑家梧任广东广西组组长，内蒙古宣传部副部长秋浦任内蒙东北组副组长，等等。

当时各地踊跃参加调查组的人中，有著名学者白寿彝、吴泽霖、潘光旦、江应樑、方国瑜、翁独健、杨堃、冯汉骥、马长寿、马曜、王静如、杨成志、侯哲安、傅乐焕、杨向奎、林耀华、王锺翰、罗致平、黄现璠、陈述等，先后在各调查组中担负业务领导工作。他们不顾年老体弱，不辞劳苦，与中青年调查者一道，在当地各级党和政府的领导与支持下，深入交通闭塞、生活艰苦的边远山村茅舍进行调查，就地研究问题，为大调查作出了突出的贡献，为后辈树立了良好风范。

国家特设民族调查专项经费，由人大民委办公厅掌握，根据地区需要，为我们配发购买各种防寒装备，或雨具、蚊帐、文具、药品及野外工作设备，提供出差补贴。有的组还配备了当时稀有的进口相机和器材，以及能在山村收听新闻的军用收音机，甚至还有娱乐用的留声机、唱片等，对调查人员的工作、生活给予了深切的关怀。

——王昭武《中央首长为我们壮行》，载揣振宇主编《伟大的起点：新中国民族大调查纪念文集》，中国社会科学出版社，2007年，第56—59页。

当时研究部我们这些年轻人几乎全部下去，一般老的、不能下乡的留下，也不是所有人都可以下乡。好多人你想去，组织上都不让去的，怕出事。我们去的那些边疆地方，随便说出一句话，立刻影响到国外去了。再一个，有些老专家他搞文字习惯了，对农村许多东西不了解，不知道怎么调查。倒是有几个老专家下去了，像林耀华是搞得很深入的，搞西夏文的王静如就搞奴隶社会，去贵州调查，陈永龄搞凉山彝族调查，宋蜀华搞景颇族调查，搞原始社会，这些都是比较好的、中青年以上的进步教授。

第三章 桂海南北访旧事

参加少数民族社会历史调查是我这辈子最重要的事情。1956年，我就是个小年轻，什么都不懂。别看我们在北京不怎么起眼，可是到了底下，人家把你当作是党中央派来的，代表政府来工作，对你的那种关心、照顾、爱护，哎呀，感情之深。你就发自内心地感觉到，必须要为他们好好做事。

关于1956年李维汉接见调查组一事，参见王昭武旧文：

在行将出发之际，我们虽然信心百倍，急切希望为革命事业建功立业，但毕竟因从未经受过革命的锻炼和考验，加之当时尚未实行职工休假和探亲制度，面对即将长期远离北京，难免因个人琐事而牵挂，心里有点犹豫和徘徊。这引起了领导的注意。

在学习结束的当天，我们突然接到人大民委办公厅的通知："请组员不要外出，等待通知。"午后，忽见一号楼前开来两辆大轿车，我们五六十人上车向城里驶去。车子在城里转来转去，突然驶入红墙旁的一扇大门，卫兵挥手放行，眼前立刻展现一片绿树成荫的美景，有人惊喜地说："中南海！"大家喜出望外，心跳个不停。

汽车戛然停下，只见一行人迎上前来，为首的是人大民委刘格平主任。他轻摇折扇，笑着和我们一一握手，随后领我们穿过布满鲜花的凉棚，转向水光粼粼的湖边，绕过一座座富丽的庭院，好一派昔日的皇家景象！陪我们同行的一位领导同志，一路指点湖光美景，不时讲起当年皇室的故事，使人兴味无穷。

行至湖边花圃，我们坐定纳凉品茗。亲临风景如画的中南海，看如今换了人间，我心潮起伏。这里是党中央的所在地，是全国人民向往的中心，我不由为自己能亲临其境而自豪，心中荡漾起难以言喻的幸福和激动。

太阳渐渐西斜，湖面清风习习，泛起层层涟漪，炎热正在消退。这时我们已被引入湖旁一座庄严的大厅，厅内摆满大大小小的沙发，这里显然是中央领导同志开会的会场，或是接待中外宾客的地方，我们散坐在沙发上休息。忽听刘格平主任高声说道："李维汉同志来看望大家，请他讲话！"顿时掌声雷动。只见一位身材高大、衣着十分简朴的长者向我们走来。他脸上带着微笑，谦逊地摇摇手说："我不讲了！不讲了！"说完便随意走入人群和大家握手、谈话，他那和蔼可亲的神态让人感到十分亲切，对他肃然起敬。随他而来的几位领导同志也随意插入我们中间，握手、交谈，大厅内洋溢着亲人相逢般的欢乐。

傍晚，中央统战部为我们设宴饯行。进入大厅隔壁的大餐厅时，猛见李维汉部长独坐在一张圆桌旁，他操着浓重的湘音向我们招手。"来这里坐，我这里只要年轻人！"其他领导同志也分散入座。我有点局促不安，这是我生平第一次和中央领导人近距离接触，显得很拘谨。李维汉同志以父辈的亲切口吻说："我喜欢跟你们青年人在一起，我也显得年轻了！"他催促我们动筷子，让我们多吃点，我的不安渐渐消失得无影无踪，整个餐厅的气氛特别融洽。

华灯初上，酒筵星散。敬爱的李维汉部长和其他领导同志早已在门口等候，和我们一一握手告别。车子开动以后，他们仍在频频挥手致意。大家一直沉浸在难以言喻的幸福之中。中央首长亲切接见，为我们壮行，使我激动得久久不能平静。我深刻地领悟到，中央领导对民族调查工作十分重视，对调查人员寄予殷切的期望。回到民院后大家意犹未尽，当夜聚集在一起尽情抒发自己的感受，皆意气风发，相互击掌，约定在4—7年之后，出色地完成调研任务再回北京。

两天后，各调查组相继出发，无一人掉队。我和两位年轻组员乘火车直奔南宁，与等候在那里的各民族人员会合，建立起广西少数民族社会历史调查组。在短暂的学习和准备工作期间，我们尽情回味和转述中央首长对调查人员的亲切接见和鼓励，使当地同志备受鼓舞。

——王昭武《中央首长为我们壮行》，载揣振宇主编《伟大的起点：新中国民族大调查纪念文集》，中国社会科学出版社，2007年，第59—61页。

我们报销是直接到人大民委，他们在中南海办公。我有一次报销，刚好看到毛主席的车开过来，哎哟，印象深刻。调查组有公章，相当有气魄，直接是全国人大民委会广西调查组。

关于调查组公章的情况，可参见王晓义回忆：

我参加的是四川民族调查组。从使用的公章上看，其全称是："全国人民代表大会民族委员会四川民族调查组"。后来使用的公章是"四川省少数民族地区社会历史调查研究组"。这两个公章都是仿宋字体横排的。此外还有一个行书字体竖排的"四川民族调查组"的图章。

——王晓义《记少数民族社会历史调查》，载揣振宇主编《伟大的起点：新中国民族大调查纪念文集》，中国社会科学出版社，2007年，第80页。

我们北京去4个人，研究部是杨成志、我和郝红章，历史研究所是韩耀宗。郝红章专门搞画画，画得很好，反右时他画了很多右派的人像，惟妙惟肖。韩耀宗，北大毕业，搞宋史，基础好，跟我差不多大，给杨成志做助手，搞瑶族调查，1958年就没再去了，1960年以后就死了。

我们先到南宁，要组织队伍。广西统战部、民委很重视，但他们没人。主要是靠黄现璠的关系，张罗起一批他的学生，好几个都是壮族。

关于广西组的相关情况，参见王昭武旧文：

此时，广西民委副主任莫矜前往北京，向全国人大民族委员会领受任务，被委任为广西民族调查组副组长。在黄现璠教授的积极协助下，从广西师范学院、广西民族学院等部门，借调来近20人，与我们一道成立广西民族调查组。

组内除唐兆民3位专家外，都是中青年民族干部，虽具有大专学历水平，但都不熟悉民族调查业务。故不分职务高低，集中学习相关的民族理论、政策、知识和科学的调查方法，特别是统一了思想认识，不计个人名利地位，决心长期深入艰苦的民族地区调查情况，把被埋没、被歪曲的面貌，作正确的反映。

随后成立的壮族组和瑶族组，由黄现璠教授和杨成志教授分任组长，省委统战部来的樊登为秘书，秋后便入壮乡瑶寨开展调查。

壮族组以桂西大新县为试点。这里地处中越边境，山峦起伏，交通闭塞，山村分散，生产落后，原是土官的封建领地，到处残留着昔日土官统治的痕迹，为我们调查广西土司制度的发展变化，提供了难得的机会。

全组仅12人，但其中有9位壮族组员，便于独立开展调查。组长黄现璠先生不顾年老体弱，亲率黄槐兴、李干芬等人，日夜穿村入户，先后在太平、养利、全茗、茗盈等土官故地调查，并及时指导各组开展工作，他孜孜不倦的努力与平易近人的学者风范，感人至深。

其他人如樊登、粟冠昌、吴如岱、杨德箴、黄团镇等，就在边境的宝圩乡探访，后来又到宽阔的万承土官区域深入调查。王昭武与阮甘璧、黄永祯、傅继叔等，相继在安平、恩城、下雷等原土官领地，依次开展各项调查。

我们几乎跑遍了大新县全境，经常围坐在火炉旁，听老乡们诉说悠悠往事，不知度过了多少个不眠之夜。

当地的人们，怀着了解本地乡土历史的渴望，出于对共产党的深厚感情，把我们称为"中央派来的人"，给予有力支持。大新县委特派来宣传部副部长李意鸿、政协工作人员农朝光、教师黄远聪、医务人员谢梅珍、干部农焊产，以及熟悉地方情况的农忠慰、覃训等社会人士，直接参与各地调查，对我们关怀备至。我和充当翻译的黄远聪密切合作，结下了深厚友谊。

这里的安平、太平、万承土官"改土归流"较晚，有的残留到民国以后。我们访问了昔日的官奴、农奴以及各类人士，他们以自身经历和所见所闻，明确具体地诉说了当年的情景，揭露了土官令人发指的残暴统治的滔天罪行，使我们也受到深刻的教育。

在调查中，人们纷纷提供当年土官、土目发出的派侠、派役、派粮、派款的派单，以及强制农奴贱卖人身、土地、山林、资源的种种契约原件，并详加说明，控诉土官层出不穷的巧取豪夺罪恶。有的还将原件慨然相赠，表达了对我们的信任和支持。仅安平小组就收到数十件，后由广西民族研究所编入《广西少数民族地区石刻碑文契约集》中，于1986年公开出版。

经过两个多月的努力，我们在边干边学中摸索，逐渐得心应手，完成了大新县8个土官地区的调查。编写的8个调查报告约20万字，纳入《大新县壮族调查资料》于1957年春内部出版，为广西民族调查组的最早成果。

——王昭武《有关"物归原主"的记忆》，载俸代瑜主编《追忆与传承：广西民族问题研究中心成立五十周年纪念文集》，广西民族出版社，2013年，第8—9页。

我是研究部去的，最年轻，一开始说试着用用，把我吸收到壮族组。又派了统战部的科长樊登，壮族，党员，年轻干部，有一定文化水平，熟悉情况。他领一个组，黄现璠领一个组，我领一个组，我负责3个土司。粟冠昌，广西民族学院讲师，黄现璠的助手，能写文章，很起作用。吴如岱，后来调去搞瑶族调查，不久就被打成反党分子。

杨德箴还健在，前两天给我来了电话，说她有第四代了！那时候还是小姑娘呢，18岁，很漂亮的小姑娘，湖南人，刚调到广西民族学院工作就来参加我们壮族组。黄团镇，十八九岁的小青年。

阮甘璧就是大新县本地人，黄现璠的学生，我当组长，他当副组长。黄永祯，地方干部，也是做我助手。黄远聪，我的翻译，学校调来的老师，我把他当调查组成员。农忠慰，地方上统战人士，解放前是一个县里面国民党书记处书记，很有威信，他先前在边境上组织军队跟国民党打，后来我们把他统战过来，很了解情况。覃训跟他一块来，我又不通语言，人手不够，我把他们都留下来写材料。我说，要不就你们写，要不就你们告诉我，我来写。他们起了很大作用，他们来了老百姓放心。农朝光，统战人士，县里派来。李世名，广西民族学院的，搞了很短一段时间。谢梅珍是医生。傅继叔是广西民委的会计，派来调查组当会计。我们下去的生活开支，中央给一笔经费，不增加地方负担。地方也给钱，能报销一点。我们每天有三毛钱补助费，每个人的补助费是会计按月来发。后来，为了和地方保持一致，我们都主动要求取消。农焯产，小年轻，广西民族学院派来的，派了一批人来陪着我，跟着走一走，学一学。

说实话，当时我只懂点云南的情况，没真正自己下过乡调查，在大学和研究部也没专门训练，顶不上用，一下子把你抬到那个位置上，你怎么办？你得干啊！我有多少把握？没把握。我没本钱，既没系统学过马列主义，也没学过民族学。摸索过程中，我自然感觉到，《提纲》已经告诉你要注意哪些问题，你必须按照《提纲》来。

《提纲》是陈永龄他们几个专家编写的，4个，一般调查、原始社会调查、奴隶社会调查、封建社会调查，编成一个合本。它对新手起很重要的指导作用。我们在底下不知道干什么，看《提纲》以后，你

图 3-1　在广西大新县进行壮族调查，1956 年 10 月
一排左起：王昭武、黄远聪、黄团镇、李干芬、黄槐兴、覃训
二排左起：阮甘璧、樊登、农忠慰、黄现璠、农朝光、杨德葳、谢梅珍
三排左起：李意鸿、粟冠昌、黄永祯、（？）、吴如岱、傅继叔

是农民，我就问你，使用什么工具，怎么生产，诸如此类。后来我们编写《简史》《简志》，基本也按《提纲》的线索，哪个地方最突出，就在哪个地方深入下去，自然不会千篇一律。但是一般来说，我们对每个民族还都必须把它的土地、生产力、生产关系掌握住。

关于编写《社会性质调查提纲》的情况，可参见王晓义回忆（节选）：

  中央民族学院研究部对于这次调查做了很多准备工作。1956年5月就安排有经验的学者起草针对原始、奴隶、封建等社会的调查提纲以及一般调查提纲，并且广泛征求意见……7月下旬提纲的铅印本装订完毕，运回来1200多册。调查人员人手一册。有些单位听说有这个调查提纲，也派人来索取。在大家学习提纲时，费孝通对大家着重强调：这套提纲只是供参考的。开始调查时可以用它，但是只能用半年（原话是：只能靠它吃半年饭）。以后就得根据调查对象的具体情况来拟定适合的调查提纲。

  ——王晓义《记少数民族社会历史调查》，载揣振宇主编《伟大的起点：新中国民族大调查纪念文集》，中国社会科学出版社，2007年，第76页。

又，参见汪宁生回忆：

  调查出发之前领导谆谆告诫的是"随时注意改造思想，结合中心工作，为政治服务，不要违反纪律"之类，要我们多读马列的书。恩格斯《家庭、私有制和国家的起源》几乎是当时调查工作者的"圣经"，当时是人手一册的。但仅靠那本书就能顺利进行调查吗？记得当时也曾看过一份油印的调查提纲，不知是哪位专家或领导人

> 物拟定的，按生产力和生产关系、经济基础和上层建筑几个大问题列为调查项目。后来几千万字的调查资料丛刊，大多数按此格式而写，并非偶然，因为这是统一布置的结果。
>
> ——范祖锜《汪宁生先生访谈录》，载揣振宇、华祖根主编《中国民族研究年鉴（2005年卷）》，民族出版社，2007年，第477页。

我主要是搞安平调查，安平土司是留到最后的，最顽固、最反动，压迫最厉害。安平土司分两半，一部分是在农村，樊登带人调查，农村里边资料有限；我不懂语言，主要负责安平镇，那些皇亲国戚、家奴各方面资料充足，比他们条件好些。安平土司搞得比较有材料。

我心里压根没有整体概念，无非就是捧着那几本《提纲》干。我每天布置任务，告诉他们应该调查什么，他们提交材料，我晚上编写，一边编，一边看哪些还不对、不够，提出来需要补哪些信息。我们有分工，粟冠昌写风俗习惯，他们比较懂；统治机构、统治活动，主要是在安平的活动，就由我来搞。

到了一定程度，《提纲》没用了。它只能告诉你要了解什么，我们还得多问一个为什么。工具从哪里来？谁卖给你的？价格多少？土官依靠谁？师爷是谁？农奴是谁？最受苦的是谁？每年多少劳役，不去行不行？你要追问。问着问着，老百姓那种仇恨啊，阶级仇恨就出来了，什么都和你讲了。要从当地提供的材料中深入，你不提问题，就搞不下去。答得出来答不出来没关系，但是我必须要问。凡事都要问个为什么，不然你去调查什么。不是说什么都现成的，没有那么现成的，人是在实际工作中培养起来的。

到底下去以后，每个人都会自然而然地关注到那些碑。不管是瑶族，不管是壮族，不管什么，每个村庄门口都有一块碑，他们还是封建初期嘛，土司是领主，人分三六九等，村庄里边有多少土地，作为份地把土地拨给你，村里人承担多少劳役，要交多少租；形同奴隶的家丁，抬轿子喽，出工人喽，做什么都有规定，"勒石为准"，整个都在碑上，清清楚楚。这就是现成材料，你上哪儿找嘛。我说这个材料太重要了，我们写材料就照着写，你们一定要把每一块碑搞来，一收就收得多了。我跟黄永祯说，你就负责拓碑，他就一天在那拓拓拓，学会那套东西了。搞好了编号，一式三份，都给了广西。那时候，书籍都要交，不能搞小仓库。大家都说，哎哟，王昭武你怎么搞那么多拓片？我说摆在门口的嘛，你不搞的话，你去调查，你调查得过了人家嘛。因此，安平调查是各个调查当中最好的一个，材料最丰富。正因为写了安平土司调查报告以后，他们觉得说，这小青年还挺能干，一下子就把我纳入广西调查组的领导小组去了。我有什么能干的？你到一个村庄必然要访问，必然要看各种材料，必然要追问个为什么。

除了碑，也有一些县志，历代知识分子留下的诗文，像安平会仙洞里刻的他们吟诗作对的材料。土司的世系，碑文上有的就抄，没有的话，土司后人清楚得很，他一代一代背出来。还比如说，公安局也有一些资料，我1957年去凌乐调查岑氏土司的田庄，到公安局说，凡是你们不要的材料请提供给我看。他说你是什么人？当时我不是党员，但我要搞调查，不看的话我没法写。我就说中央给我任务来搞调查。结果他们就说，好，我们破例。你拿来看的话，要从中找出合理的东西，不管他反动不反动，只要你需要就拿来看。

> **关于调查过程中的资料搜集，参见王昭武旧文：**
>
> 我们在各地的调查中，常见村前路旁，竖立着大小不等的石碑，碑文大多是历代汉官的文告，有的详细列举清除土官各种征派的陋规条款，有的痛斥土官的残暴罪恶，有的阐述当地发生的重大事件等等。字里行间，呈现出当地不堪忍受剥削压榨的壮族农奴，不断向上级汉官控告土官的罪行，争取解脱的情形。这也从一个侧面，反映了汉官与土官之间日益激烈的斗争。
>
> 根据上级"抢救资料"的指示，我们不遗余力地跟踪追寻，除了记录，还加以拓印，先后搜集到不少碑文，其中以大新县和南丹县的最多最好，是研究广西土司制度可贵的史料。当中有130多面，收入了《广西少数民族地区石刻碑文集》，由广西民族研究所于1982年公开出版。
>
> 与此同时，我们在调查工作中，还在大新县万承乡和龙胜县龙脊乡，及时从民间搜集到一些记事、诉状、歌本，内容丰富，既有当地重大历史事件的记录和咏唱，也有大量官方的文告抄件，还有村民、家族、村社之间形形色色的纠葛，涉及人们社会生活的各个方面。特别是一些愤怒声讨土官土司的诉状，折射出清代以来，广西土官政权已日暮途穷，落后的封建领主所有制正被彻底破坏，而农奴的反抗浪潮正蓬勃高涨。
>
> ——王昭武《有关"物归原主"的记忆》，载俸代瑜主编《追忆与传承：广西民族问题研究中心成立五十周年纪念文集》，广西民族出版社，2013年，第9—10页。

调查完八个土司后，我就直接上升为壮族两个分组的一个组长，樊登带一个组调查桂北，我就调查凌乐县、隆林县的土司。

关于1957年壮族组的相关情况，参见王昭武旧文：

此后，于1957年春，壮族组分为两个分组，由樊登率第一分组，相继在天峨、南丹、龙胜等县扩大调查范围，取得显著进展。王昭武率第二分组，辗转在桂西北的凌云、隆林等县山野，顺利地展开调查。

——王昭武《有关"物归原主"的记忆》，载俸代瑜主编《追忆与传承：广西民族问题研究中心成立五十周年纪念文集》，广西民族出版社，2013年，第9页。

又，参见王昭武旧文：

欢度了1957年春节之后，我和广西民族调查组的6位同志，又从南宁起程。过了百色市，进入群山环抱的凌乐县，这里的壮族占全县人口90%以上。因妇女身穿红布大襟，俗称"红衣壮"，保留着浓厚传统习俗。

这里是泗城土府的故地。自宋代以来，强盛的岑氏土官，拥有南至百色、北至贵州望谟等大片封建领地。至雍正四年，清政府凭借武力，强行"改土归流"，在这里推行民族压迫政策，招致了土官和壮人的强烈反对，致使泗城府的号令出不了城。拥有实力的岑氏土官，依然占有庞大的"四大田庄"等大片田地。至解放前夕，还保持着对当地壮族农奴的封建统治。

我们在对壮族的实地调查中，发觉当地的瑶族处境更坏，他们被作为土官的奴隶，封闭在深居的山中，世代承担苛重的劳役。深重的压迫使他们与山下的壮人很少往来，因民族隔阂形成民族偏见，把瑶山涂上了浓厚的神秘色彩。为了弄清山上瑶民的真实情况，我决意到离县城最近的后龙山进行调查访问。

图 3-2　隆林县城的墟，1957 年春

> 趁赶墟这天下午，我和县里派来做我翻译的一位同志，背上背包，随一群回山的瑶民进山。
>
> ——王昭武《在云端上的瑶家》，载郝时远主编《田野调查实录：民族调查回忆》，社会科学文献出版社，1999年，第242—243页。

他们分散开调查壮族，我到后龙山了解一下瑶族的处境。我在文章里面叙述，那简直是没路，人扛人把我送进去。农凯是地方干部。阳光宇原来是白崇禧的师长，后来到政协，他跟我们一块去。

7月份收到通知，立刻回南宁，"反右派"斗争。那时候我是头头，是人家声讨的对象，说我武断啊，不民主。我领的工资也就62块钱，很一般的小干部，他们对我还算友好。主要是黄现璠和他的几个学生，全部被打成右派。

> 关于当时的情况，参见王昭武旧文：
>
> 正当我们在各地开展调查之际，1957年7月应召全部返回南宁，在租赁的一家小旅店内，日夜进行反右斗争。
>
> 首当其冲的黄现璠先生，被作为广西民委系统批判的重点。唐兆民、黄槐兴、吴如岱也被错整，有的被迫离职。其他组员相继遭到不同的批判，致情绪低落。后多数离开调查组。
>
> 连一度协助调查组的大新县壮族干部李意鸿、农朝光、黄远聪等人，也因参加土司调查而被牵连，被冠以各种罪名，多年蒙受不白之冤。
>
> 经过"厚古薄今"的片面批判，我们的土司专项调查遭到种种

图 3-3　在小旅店开展"反右"，1957 年秋
一排左起：郝红章、阮甘璧、王昭武、李干芬
二排左起：李维信、黄永祯、黄钰、陈维刚

非议，从而放松了与之有关的深入调查，失去了抢救珍贵史料的良好时机。据说我们在大新县搜集到的碑文，其原件在历次政治运动中多已被毁，令人深感惋惜。

"反右"斗争之后，留下的调查组员不多，全部参加了1958年底新组建的民族大调查。因受"左"的思想支配，对当时民族地区的"大跃进"调查，盲目地歌功颂德，虚耗了不少精力和时间，留下了深刻的教训和失误。

——王昭武《有关"物归原主"的记忆》，载俸代瑜主编《追忆与传承：广西民族问题研究中心成立五十周年纪念文集》，广西民族出版社，2013年，第10页。

广西搞完后，没问题了嘛，通知回北京。截至"反右"结束，算起来我们下乡一年多了，工作告一段落，大家都想回去，人都散了。我们也想放假，我绕道南京，顺路逛了一圈。我记得，他们底下还带意见来，给我贴大字报，挑剔一下生活作风问题，什么穿衣服啦之类的。

关于当时的情况，可参见王晓义回忆（节选）：

1957年，全国开展了"反右"斗争。调查组的最高层领导人之一费孝通被错划为右派，不能再担任领导职务了。这年的8—10月，从北京参加调查组的人员都回京参加会议。9月10日，在调查组一年工作总结会上宣布了新的领导小组名单。他们是：刘格平、刘春、苏克勤、夏康农、夏辅仁、刘冠英、谢扶民等7人。秘书长为刘冠英。并决定拍摄科学记录影片。在这次总结会上公布了各调查组的总人数为250人，其中，中央一级机关有15个单位，55人；地方有关部门协助的有195人……1957年10月，在一次会上，苏克勤副院长宣布把我从中央民族学院研究部调到中国科学院民族研究所……我参加"反右"斗争共约7个月时间，在北京3个月，在四川4个月。

——王晓义《记少数民族社会历史调查》，载揣振宇主编《伟大的起点：新中国民族大调查纪念文集》，中国社会科学出版社，2007年，第77、82页。

又，参见范宏贵回忆：

　　1957年风云突变，反右派运动开始，我遭到严厉批斗，像得了麻风病似的，同学和朋友相见都不敢打招呼，完全被孤立，内心极为痛苦。次年春末，在全院大会上宣布我不算右派分子，但已开除的团籍不能恢复（1980年平反时，寄来退团证明书）。这时铺天盖地批判民族学是资产阶级学科，老一辈的民族学家绝大多数纷纷遭到批判。我是待"罪"之人，在演批判杨成志教授的一幕活报剧中，不敢怠慢，认真扮演了一个瑶族老汉的角色。

——范宏贵《十万大山调查琐记》，载郝时远主编《田野调查实录：民族调查回忆》，社会科学文献出版社，1999年，第233—234页。

　　那时候整人整得厉害，老专家们都被打倒了，像杨堃、杨成志和李有义，整成资产阶级反动学术权威。有一天，杨玉山找我，老王啊，没你的事了，安安心心好好工作。我感觉到很奇怪嘛，我本来就没有问题。才知道，当时的政策，凡是有问题的统统赶出北京，像我

图 3-4 南京一游，1957 年 8 月 9 日

同学高吉昌是去了东北,杨自翘说是以前参加过青年党,被弄到湖北。我说是因为受当年求实中学国民党特务的事牵连,要调去四川,吕光天、王晓义说是因为家里信教。杨玉山负责搞我们的历史问题,亲自去云南调查,回来说都是家庭问题,没什么政治问题嘛,你们好好工作。耿杰,是办公室主任王德胜从他行李中搜出有什么国民党的照片,就挨整。大家都是旧社会过来的人,谁没有点问题,其实,有的就是得罪调查组的当权派,说你有问题就有问题,就赶出调查组、赶出北京。所以,我们几个后来一说到杨玉山啊,哎呀,很感慨。耿杰、田继周他们几个就被叫去组织学习,到八达岭种树,到黄村劳动,后来没事了才又下去调查。

我当时就在北京,但我没去所里,下去一年了,好不容易回趟家嘛,所以民族所成立我没参加。广西说,我们不搞运动了,现在要搞业务了,你回来吧。所里就催我赶紧下去。我记得经过武汉,刚好是通火车那天,我还参加了盛会,好像伏罗希洛夫来剪彩,记不清了。

1958年,云南组从南宁绕道去昆明,路过时全留下,我接待,住新建的宾馆,很不错的。

> 关于1958年广西、云南组南宁相会,可参见罗之基回忆(节选):
>
> 云南民族调查组由宫正春同志带队,于1958年8月11日从北京出发。我们云南组和广西调查组同坐在一个车厢里……8月13日,火车抵达南宁。我们稍做休整,于15日乘汽车经百色、罗平,于18日到达昆明,历时8天。
>
> ——罗之基《在民族学田野调查中锻炼成长:20世纪50年代佤族、布朗族、拉祜族社会历史调查回顾》,载揣振宇主编《伟大的起

点：新中国民族大调查纪念文集》，中国社会科学出版社，2007年，第134—135页。

关于1958年扩充人员后广西调查组的架构、分工、进度，可参见黄钰回忆：

> 广西民族调查组下设南宁、百色、柳州与桂林调查分组和一个资料分组。南宁分组由徐仁瑶负责，下设杨成志、石钟健、徐仁瑶、郭在忠小组；百色分组由黄昭负责，下设汪明瑀、胡起望、曲军锋小组；柳州桂林分组由莫俊卿负责，下设王昭武、韦文宣、宋兆麟、陈维刚、阮甘璧、严英俊、丁焯华等小组。资料分组由杨成志、刘介负责，下设古代史、近代史、现代史和资料室，分别由杨成志、刘介、华祖根和韦振辉主持工作。
>
> 广西调查组扩大建组后，集中南宁学习五天，于8月20日分赴各地进行各少数民族社会历史调查。同时资料分组的同志，分别到桂林广西图书馆、南宁广西图书馆、广西博物馆、广西文史研究馆等单位搜集、整理原有的民族资料和其他史料。分赴实地调查的各小组主要任务是开展民族调查，搜集第一手资料，包括石牌、家谱、县志、契约及其他实物资料。对调查中发现的重大问题，则组织专门力量进行深入的调查。
>
> ——黄钰《广西民族调查的回顾》，载郝时远主编《田野调查实录：民族调查回忆》，社会科学文献出版社，1999年，第210页。

关于1958年新成员到达后的试点调查，可参见范宏贵回忆（节选）：

> 为了使大家获得一点调查方法和经验，先分为几大组分赴几个地方搞调查试点，取得调查经验后，再分成小组进行工作。8月20

> 日，邕宁地区大组的12人开赴武鸣，次日为了表示调查工作革命化，有汽车不坐，背着行李徒步走14华里到双桥搞试点调查……规定调查期间要与群众三同（同吃、同住、同劳动），每人每天至少收集1000字资料，每年参加劳动要有100个工分，每人有一本劳动工分手册，每次劳动后由当地生产队队长签章。
> ——范宏贵《十万大山调查琐记》，载郝时远主编《田野调查实录：民族调查回忆》，社会科学文献出版社，1999年，第234页。

我年轻时比较活跃，组织大家拍摄了集体照（见图3-5）。

徐仁瑶是从中央民族学院调来的，一直是瑶族组负责人，很有才能，后来在民院历史系当老师，人很不错。华祖根，南开大学毕业，1957年大学生，是民族所成立前来的第一批大学生。郭在忠，厦门大学的，跟华祖根同时来所里，一直跟我们在广西，搞壮族研究，很不错。黄昭，原是马山县委干部，后在中央民院学习，调来调查组当办公室主任，有修养，厚道，不轻易搞人，跟大家关系很好。他老婆、儿子也一起来，我们还资助他粮食，人家对我们生活也照顾嘛。到一定时间，我们就吸收他老婆加入调查组，负责我们日常生活。莫俊卿，搞仫佬族研究，中央民族学院学生，党员，他带一个组。胡起望、项美珍、韦文宣、严英俊也都是中央民族学院的学生，胡起望和项美珍、韦文宣和严英俊后来各成一对。

王天奖、宋兆麟、徐萱玲他们是北大的学生。我跟王天奖、谈琪去做毛南族调查，王天奖是研究生，很能干，提出许多问题来，谈琪是广西的壮族。宋兆麟能讲能写，搞壮族调查，和徐萱玲后来也成一对，宋兆麟在历史博物馆，我还去看过他们。刘介是老先生，七八十岁，广西民族学院的老师。李维信是我同学，云南大学调去的干部，

图 3-5　广西少数民族社会历史调查组同志摄影留念，1958 年

一排左起：王昭武、严英俊、（？）、曲军锋、（？）、翁幼梅、（？）、（？）、陆红妹、徐仁瑶、韦文宣、（？）、（？）

二排左起：韦振辉、（？）、（？）、黄钰、杨成志、张景宁、吴德忠、石钟健、刘介、汪明瑀、黄昭、苏云高

三排左起：任崇岳、（？）、（？）、徐萱玲、项美珍、（？）、（？）、（？）、（？）、刘宁勋、李世名、阮甘璧、陈维刚、宋兆麟

四排左起：（？）、（？）、胡起望、（？）、范承德、（？）、周宗贤、（？）、韦世明、杨拯、范宏贵、（？）、（？）

五排左起：李维信、（？）、（？）、莫俊卿、谈琪、（？）、（？）、（？）、（？）、郭在忠、（？）、（？）、华祖根、朱一涛、（？）

搞瑶族调查。张介文，搞壮族调查，搞了一段时间分配去做老师。苏云高、李景正，县里边的瑶族干部。唐兆民跟费孝通在20世纪30年代就到过大瑶山，后来留在广西，真正搞民族研究，特别把他调来。颜宝怡，咱们所的，我就记得她姐姐是天津一个剧团的台柱子，后来分配她到贵州广播电台什么的，北京话讲得好。黄海东，广西民族学院的，调到我们这儿搞瑶族调查，比较钻研业务。

> **关于赴环江调查毛南族的情况，参见王昭武旧文（节选）：**
>
> 　　我被委派为毛南族调查组组长，与中央民族学院、北京大学历史系学生韦世明、刘宁勋、朱一涛一起，当年10月初便风尘仆仆地赶往毛南族聚居的环江县下南区开展调查……聚居在"毛南山区"的毛南族群众约有2万人，因地处偏僻，交通闭塞，以致他们的民族情况鲜为人知……因有关史料奇缺，我们被要求从摸索调查入手。
>
> 　　当时，毛南山区掀起全民"大跃进"，山寨里空无一人。我们放下背包，便加入山上大炼钢铁的行列，挑矿石、拉风箱，与群众打成一片，以便能顺利地开展调查工作。经过两个多月的艰苦努力，我们按照原先拟定的调查提纲，相继完成了几个村寨的典型调查，收集到不少资料。
>
> 　　年底，全组仓促结束调查，组员们都收兵回京复课，只留下我和县里派来协作的翻译韦志华同志，负责编写各村的调查报告。至此，方发觉有关历史文化方面的资料奇缺，其他方面也存在不少问题，令人无可奈何。因时间和人力的限制，故编写的民族调查报告草稿留下了很多遗憾，充分暴露了我们调查工作的失误……
>
> 　　为了"突出政治"，而热衷于历次政治运动的调查，更为当时

沸腾的"大跃进"和人民公社化所吸引,甚至把风行一时的"浮夸风""共产风"的祸害也当作共产主义的新人新事新气象尽情地欢歌礼赞,都大量地堆砌在所写的调查资料中,为后来据此编写的调查报告和简史、简志初稿留下了遗憾,既缺乏撰写民族历史文化的资料,又充斥了华而不实之辞,形成了硬伤。虽经多人长年修修补补,但仍然无济于事,终因悬而不决被束之高阁,成为我们调查者心灵上的愧疚。

——王昭武《毛南族调查的回忆》,载俸代瑜主编《追忆与传承:广西民族问题研究中心成立五十周年纪念文集》,广西民族出版社,2013年,第123—124页。

我们力量很单薄,王天奖来帮忙,但他们是学生,要回北京写毕业论文。中央民族学院去的学生多,待了一段时间才走。刘宁勋是广西人,朱一涛后来分到人大了。一般是我的翻译韦承武负责现场记录,他后来改名叫韦志华,壮族,懂得毛南语。他一直帮我的忙,我说我是瞎子、聋子,你来吧。结果他也训练出来了,写了不少东西,后来调到县志办。韦世明是广西的壮族,中央民院的大学生,党员,后来分来做我的副组长,负责调查现况,多少土地,亩产多少,一天耕几亩地,用什么工具。刘宁勋来了一段时间,北大的,很有能力。朱一涛也是搞现况。我让他们了解"大跃进",出多少人,每天干多少活,水库起了多大作用。覃汉才是本地的毛南族小学老师,跟我们配合了一段时间,我叫他负责文教方面的内容,他很快做完,又回去了。曾诚是黄珏的副手,他原有级别,犯了错误,当时是内定右派,到我们组打个照面,搞了一段时间,后来又跟我们一块下放到农场去劳动,他老婆也一块去。

环江我基本都跑了一遍，开始白天还没有劳动，后来就白天劳动，晚上才能搞业务。白天，农民要干活，你不能耽误人家。请人家来，你要给点误工补贴，他也放放心心地讲，不然他惦记着地里的活，讲了半天，吃饭的地方都没有。我们都住到区政府里面，请他们来。晚上，我们去生产队，去农民家里观察。什么叫舂米，怎么舂？不看那个碓，你就不知道原来是拿个木棍子在舂，功效很低，但人家就是这么干。单靠别人来说，就感觉没把握。

毛南族没有多少史料，全都要调查。好在当时主要调查的无非就是生产、生活，而且它是地主经济，不是领主经济。它是宗法社会，一个村一个老祖宗，这个村里全都是弟兄，另外一个村又是一个弟兄。毛南族有10个祖宗，我就把它10个祖宗分布地区全做了解，主要是搞几个比较完整的老村、老屯，边上也搞点。我每到村屯就找负责人，交代任务。历史崇拜方面找道公，他们爱怎么谈就谈，我不驳他们，我自己分辨。婚姻家庭嘛，就问小姑娘。

关于环江调查报告、毛南族简史简志编写情况，参见相关说明：

《玉环乡毛难族社会历史调查报告》，是我组于1958年秋经实地调查而编写成的。当时参加调查编写的有王昭武（中国科学院民族研究所）、刘宁勋（北京大学学生）和韦承武（环江县干部）等三位同志。最近经我组黄海东同志加以整理，现付印出来以供参考。

——中国科学院民族研究所、广西少数民族社会历史调查组编印《环江县玉环乡毛难族社会历史调查报告》，1963年5月。

又，参见相关说明：

在党的正确领导下，1958年12月，我组在环江县毛难族聚居区进行较广泛的社会历史情况调查,编写了毛难族简史简志合编(初稿)。初稿写成之后,组内进行了七八次讨论补充,并经环江县有关单位、毛难族干部和群众,多次讨论提出意见,作了多次的修改。

几年来,参加毛难族地区社会历史调查,参加毛难族简史简志合编编写和修改补充工作的,先后有王昭武、韦世明、刘宁勋、朱一涛、华祖根、任崇岳等同志。在调查和编写修改的过程中,中共环江县委和县人委给予大力支持,并先后派出韦承武、覃汉才、韦庄夫等同志参加。最后由黄海东、黄钰二同志执笔修改,写成此稿。

——中国科学院民族研究所、广西少数民族社会历史调查组编印《毛难族简史简志合编(初稿)》,1963年8月。

又,参见相关说明(节选):

广西调查组于1958年10月至11月间完成了"仫佬族简史简志合编"与"毛难族简史简志合编"二书的初稿……参加"仫佬族简史简志合编"(初稿)讨论的有一百二十二人,提了四百多条意见;参加"毛难族简史简志合编"(初稿)讨论的有一百五十五人,提出了二百五十条意见。参加讨论的人员的成分包括:干部、工人、农民、教师、工商界等。

——广西少数民族社会历史调查组《在党的领导下发动群众审查民族史、志初稿的经验》,《民族研究》1959年第2期。

《环江县玉环乡毛难族社会历史调查报告》目录如次:

1.一般情况;2.解放前的经济结构;3.解放前的政治状况;4.人民政权的建立与巩固;5.土地改革的完成与农业合作化运动;6.党团组织的建立与民族干部成长;7.政治思想战线上社会主义革命的胜

利；8. 文化教育；9. 卫生；10. 生活习俗。

《毛难族简史简志合编（初稿）》目录如次：

概括；1. 民族名称与渊源；2. 解放前的社会发展概述；3. 人民政权的建立与土地改革的完成；4. 社会主义改造的伟大胜利；5. 民族干部的成长；6. 政治战线和思想战线上的社会主义革命；7. 高举总路线、大跃进、人民公社三面红旗奋勇前进。

关于1958年底至1959年广西调查组的一些情况，可参见黄钰回忆（节选）：

1958年11月，在全面开展调查告一段落之后，调查组着手组织力量进行编写民族简史简志丛书。民族简史简志丛书的编写工作，由调查组的骨干力量组成，分为《壮族简史》《壮族简志》《瑶族简史简志合编》《仫佬族简史简志合编》《毛南族简史简志合编》五本书。编写组壮史由莫俊卿、石钟健主笔，壮志由郭在忠、汪明瑀主笔，瑶族史志合编由徐仁瑶、胡起望主笔，仫佬族史志合编由莫俊卿、唐兆民主笔，毛南族史志由王昭武主笔。为了加强对丛书编写的领导，组成"三套丛书"编委会，由梁华新、杨成志、黄钰、石钟健、汪明瑀五人组成。

……………

1958年9月—1959年2月，广西调查组先后奔赴东兰、武鸣、龙胜、环江、罗城、隆林和桂林、柳州等33个县市66个点，对壮、瑶、仫佬、毛南及回族等11个少数民族进行社会历史调查，写出了《壮族简史》《壮族简志》和瑶族、仫佬、毛南三本史志合编共五本书的初稿和一本《广西少数民族简介》初稿。

……………

1959年2月底,各地抽调来参加广西调查的人员,陆续返回原地,调查组只剩下20多人,继续整理调查报告和修改、充实民族史志丛书工作。

……………

部分同志又被下放至武鸣华侨农场劳动,黄永祯、颜世杰、黄钰、韦振辉四人又先后下放民委机关农场劳动,参加编写丛书的力量越来越少。

……………

1956年成立的广西调查组,至1964年解散期间,先后参加调查组的成员共有108人。

——黄钰《广西民族调查的回顾》,载郝时远主编《田野调查实录:民族调查回忆》,社会科学文献出版社,1999年,第211—212页。

又,参见范宏贵回忆:

这时正值全民轰轰烈烈大炼钢铁的时刻,各行各业都在大干快上,民族研究当然也不能落后。外面大炼钢铁在日干夜战,到处是炼钢铁的小高炉,白天千军万马在奔腾,夜晚熊熊火光冲天,蔚为壮观。我们也不能按部就班坐在办公室里,也得日干夜干。最紧张的时候,上午8点钟开始上班,除了吃饭时间和之后的半小时以外,一直苦战夜战到凌晨三四点钟。到了凌晨,人困马乏,往往头碰到桌面才惊醒,纸上写的全是乱七八糟的东西,自己都看不懂。

壮族、瑶族、仫佬族、毛南族4个编写组各自为战。瑶族组在办公室里面狭长的一间,有墙壁隔开,其他3个组占一大间,分三排摆开,办公桌两面对坐着人,显得较为拥挤,但人气很旺,十分热闹。

——范宏贵《回忆广西少数民族社会历史调查组二三事》，载俸代瑜主编《追忆与传承：广西民族问题研究中心成立五十周年纪念文集》，广西民族出版社，2013年，第4页。

又，参见李干芬回忆（节选）：

1959年秋，为了迎接建国10周年大庆，上级下达了编写"简史""简志"丛书任务。7—8月份，同志们陆续集中南宁，参加编写丛书工作……为了完成编写任务，同志们加班加点，日夜苦干，甚至几天几夜不休息，搞得精疲力乏，虽然于国庆节前夕，完成了壮、瑶、仫佬、毛难（今改为毛南）等四个民族（京族当时由广东负责编写）简史简志的草稿编写任务，敲锣打鼓向自治区人民政府报喜。但是这些丛书初稿到底有多大价值？

——李干芬《我的民族调查生涯》，载郝时远主编《田野调查实录：民族调查回忆》，社会科学文献出版社，1999年，第231页。

"大跃进"、人民公社以后，粮食烂在地里。浮夸风，吃饭不要钱，几天就没粮食了，以后不让下去，因为没地方吃饭。上火车给你两个馒头，下去后，老百姓都没有吃的，一个个饿得要死要活。我们光靠定量，一天半斤粮食，又没有菜，只能买一点很稀的酱油。还是照顾我，给个油饼，就是花生榨油舂剩下的饼，跟粮食一块煮。一天半斤粮食怎么够啊，我们还要参加劳动。广西民委就说，回来，回来，都集中到南宁。先是在民委搞田地种，民委说，算了吧，还是把你们下放到农村吧。1960年10月，我们去武鸣华侨农场。你也不敢回北京，户口还在底下呢。

当时印尼排华，很多侨民回来了，都是小年轻，说我们回来是来上学的，你们怎么把我搞到砖瓦厂，搞农业劳动？上头就说，那找个大学生带着吧。看我合适就让去，领他们唱唱歌，每天讲一讲解放军的故事。户口转过去后，要跟地方上的同志拉平。原来我是北京去的，出差补助费每天3毛，吃补助费就够了。但1958年以后，根本不行了，吃一顿饭钱就花光了。华侨定量高，每月每人40斤，他们一看，队长是14斤，吃饭的时候就扒一点给我，哎哟，要紧得很。在困难时期，我比较幸运。徐仁瑶、陆红妹她们在农村没饭吃，瘦得像猴一样。女同志吃得少，每天半斤粮食还好，男同志简直受不了，只能到南宁市用高价买粮食吃。

一直到1961年底，我们才从乡下回南宁，要回北京了，特意在明园饭店合影留念。

图 3-6　从乡下归来，1961 年底

左起：范宏贵、（？）、王昭武、华祖根、徐仁瑶、陈衣

图 3-7　左江风光，1961 年

第四章

东挦西扯岁如流

1961年回来后，还是在2号楼研究部，但已经改为民族研究所了。各个调查组还没完全结束，楼里民族所就剩两个搞行政的，一个白玉（愚）公，一个杨玉山。民院去不了，秘书室的李东秀带着吕光天、王晓义、我和一位维吾尔族的同事，几个人到达赖办事处住。那时候有达赖办事处，有班禅办事处，班禅办事处我没去过。我们在达赖办事处住了半年一年，负责调查组的一些事情，就是打杂，业务上的事，既有民委的人管，也有李东秀在组织领导。

关于1958年民族研究所成立，可参看相关论述：
　　国务院科学规划委员会，在今年五月间，成立了少数民族研究组，加强了对全国民族研究工作的领导。中国科学院民族研究所，经过将近一年的筹备，在本年六月二十三日正式宣告成立；同时，全国许多省区的科学研究机构，也先后设立或加强了民族研究的部门。从今年六月十一日至七月七日，全国人民代表大会民族委员会、中国科学院民族研究所和中央民族学院，共同召开了一次全国性的民族研究工作科学讨论会。

——中国科学院民族研究所编《民族研究工作的跃进》，科学出版社，1958年，第 i 页。

又，参见王建民研究：

根据规划，该研究所以中央民族学院研究部为基础，并增加一部分新的力量，研究范围则包括历史、民族学在内。按照最初的计划，原来打算采用苏联模式，将这个研究所叫作民族学研究所。后来研究范围扩大，包括了民族问题和民族史，正式成立时，遂名为"民族研究所"。该所的主要业务范围被规定为：民族问题、民族学和民族史，所内设有民族学研究室。

——王建民、张海洋、胡鸿保《中国民族学史·下卷（1950~1997）》，云南教育出版社，1998年，第216—217页。

又，参见高文德回忆：

1958年春，以中央民院研究部为基干，成立民族研究所，归中国科学院哲学社会科学学部领导，我所在编译室整体划归民族所。

——邸永君《高文德先生访谈录》，载中国社会科学院民族学与人类学研究所编《中国民族研究年鉴（2013—2014）》，中国社会科学出版社，2018年，第303页。

我们支付我们的工资，民族学院支付他们的工资，以后越来越清楚了。1957年，所里来了几个大学生，后面补充到各个调查组。杜荣坤、肖之兴和王景阳都是复旦经济系来的，杜荣坤后来就是所长了嘛，年轻的时候不爱说话，很稳重的一个人。肖之兴在旧社会干过会计，人比较圆滑，去新疆搞塔吉克族研究，很不错的。王景阳，四川组搞彝族研究的,"文革"后回去了。华祖根,南开来的,当时还有个女生和他一块从天津来,一看民族工作太辛苦不干,又调到别处。姚兆麟,北大的,搞西藏研究。厦门大学来了三个人,郭在忠、郑镇峰、陈元煦。郭在忠和我们一起搞广西调查,后来又安排去民族出版社。郑镇峰"文革"前调走了。陈元煦一直搞畲族研究,给所长[1]做助手,很信任他,后来搞学术资料就是依靠他。他爱人是小学老师,两地分居的问题老没法解决,孩子也长大了,后来就回去了。1958年来的大学生,好些直接到调查组,所里人员基本都下乡。

> **关于民族研究所新进人员,可参见杜荣坤回忆:**
>
> 同年[2]八月,我服从组织分配,无可奈何地带着对民族研究工作茫然无知的心情赴北京报到。当时中科院民族研究所尚未成立,正处于筹备过程中,故当年由复旦、北大、南开、厦大四校分配来的9名毕业生报到后,先参加中央民族学院历史系民族学研究班,听前苏联和中国著名专家切博克萨罗夫、吴汝康、林耀华等讲授民族学、人类学课程,并参加研究所部分筹备工作。
>
> ——华祖根《杜荣坤先生访谈录》,载揣振宇、华祖根主编《中国民族研究年鉴(2006年卷)》,中央民族大学出版社,2007年,第287页。
>
> **又,参见姚兆麟回忆:**
>
> 由北大哲学系分配到这里,原是让我搞民族理论研究的。在1958年推行订立师徒合同的"运动"中,我被牙含章同志定在了他

---

1 指秋浦,副所长。——编者注
2 即1957年。——编者注

的名下，并在他"带头"贴出的大字报上公布。这时在大跃进的气氛中，全所无论搞什么研究的都要参加调查组下去调查，因为牙含章又是研究西藏的专家，做他的学生就得先去西藏。

——姚兆麟《雪域甘苦话当年》，载郝时远主编《田野调查实录：民族调查回忆》，社会科学文献出版社，1999年，第362页。

又，参见曹成章回忆：

1958年大学毕业，我被分配到全国人民代表大会民族委员会少数民族调查组，成为祖国北京的科研工作者，其喜悦心情至今仍记忆犹新。接通知后就到设立在昆明的云南省少数民族调查组报到。

——曹成章《往事悠悠——傣族社会历史调查回忆片段》，载揣振宇主编《伟大的起点：新中国民族大调查纪念文集》，中国社会科学出版社，2007年，第93页。

当时各个调查组还没回来，民族所成立一个学术秘书室，所长只是个名称，实际业务由秘书室管。李东秀，朝鲜族，党员，中央民族学院的学生，调干，很不错，来所里后一下子提秘书室的秘书。结束各个调查组，回到研究部以后，他去团校那边游泳，给淹死了，哎哟，我们为他难过了好几天。他人很活泼，很得人心，一大堆人跟他，假如一直活着，也许"文革"时期民族所不会那么乱。结果他不在了，人心也散了。语言室那边，王春德具体负责秘书室工作，贵州的，苗族，党员。我们审查图书、开会都到达赖办事处，以后一直做我们来往客人的招待所。

关于调查报告审查，可参见陈国强回忆：

> 写成书稿后于1959年汇到北京德胜门内达赖办事处汇总，汇总地点后迁到颐和园内昆明湖后面的"藻鉴堂"，由中国科学院民族研究所派人审查、讨论、通过。《高山族简史简志（合编）》是由苏克勤副所长审定，他要求很严格，比如调查中关于互助换工组织不大详细，他就要求补充调查。需要补充后才通过。
>
> ——陈国强《回忆福建省少数民族社会历史调查》，载郝时远主编《田野调查实录：民族调查回忆》，社会科学文献出版社，1999年，第350页。

又，参见郭平梁回忆：

> 那时全国少数民族调查组执笔编写史志人员大都集中在北京，我们就到中国科学院民族研究所报到。办公地址先是颐和园藻鉴堂（昆明湖中间），后又搬到南湖饭店。
>
> ——郭平梁《难忘的四年》，载余骏升主编《新疆文史资料》第28辑《列宁的中国卫士李富清访苏日记》，新疆人民出版社，1995年，第358页。

1962年两个所合并，实际上没所长。6号楼语言室是傅懋勣抓，他已经入党了。特克，广西人，延安来的老干部，原来姓吴，干革命工作以后就叫特克。他们那几个管事的也都比较稳当。2号楼这边，秋浦来了，副所长，他管业务。黄洛峰是晚几年才来的，副所长，党总支书记。具体工作侯方若负责，这个人起作用，一直当社会历史室主任。下乡的时候叫少数民族社会历史情况调查组，回来以后自然就叫社会历史室，语言室是搞语言调查的那一拨人，两大室。社会历史室又分东北组、北方组、西北一组、二组，一堆，差不多就是原来的调查组。

侯方若，到日本学美术，回国后做过通州[1]市长，解放后就调到马列主义学院学习，留下来当干部，又分到民族研究所来搞理论。他来了以后说，我不懂业务，我要到新疆去。他在新疆跟冯家昇合作得很好，毕竟是搞过业务的干部，不是一般的党员干部。当时跟他一块的，像王良志、杜荣坤、肖之兴，几个得力干将。他夫人还送过我一本他的画册，我现在还留着。秋浦想搞基本建设，让民族所具备中央级研究队伍的条件。他俩一个在上面抓大方向，一个在下边做具体工作，把研究所给撑起来了。我在所里面跟过这么些领导，秋浦是一个人才，只可惜生不逢时。秋浦临死前，我去协和医院给他理发。哎呀，我感觉很叹息。他也觉得没办法，做到什么程度算什么程度吧。

关于1962年民族研究所改革，可参见秋浦回忆：

并所工作是在上半年即已完成，我是年底调入，对并所的过程不很了解。我来到民族所后，做的工作不多，只是根据了解到的情况，解决了迫切需要解决的问题：

第一，民族所虽是老所大所，但基础建设相对较差，难免人浮于事，为此，我提议应对科研人员进行严格考核和评估，以决定去留。当时被调出的三十余人中，实际上调到新的岗位能发挥更大的作用，但其中不少人当时并不愿离开，甚至哭哭啼啼，面对这种景象，也只能耐心去做工作，解开他们思想上的疙瘩。

第二，当时全国有16个少数民族社会历史调查组挂靠在民

---

[1] 治今北京市通州区。——编者注

所，其中有不少人的工资要由民族所支付，而实际上民族所与各调查组之间的联系是极其松散的。民族所既不能在工作上给予及时有力的指导和帮助，而人数不多的每一个调查组在地方上独立生存，也像孤儿一样存在着实际的困难。为此我曾亲自到广西、云南、贵州和四川等四个地方实地作了考察。最后确定凡是我们需要的人员即直接纳入民族所编制，调回北京，以后工作需要时再下去调查；其余人员则完全由地方安置，从而解决了这个几年来困扰我们的问题。

第三，果断地解决了久拖未决的学术烂尾项目，这就是有关方面于1958年提出的撰写各民族简史简志，以向国庆十周年献礼的项目。而由于先天不足，以致年复一年地在修改，年复一年地不能完成。我决定把这一项目以初稿形式全部印出暂时搁置一旁，以待来日具备条件时再逐个去修改它。这就使我们变被动为主动，得以腾出手来按照科学的规律从头开始去扎扎实实地开展研究工作。

——邱永君《秋浦先生访谈录》，载揣振宇、华祖根编《中国民族研究年鉴（2002年卷）》，民族出版社，2003年，第493—494页。

那时候要结束各个调查组工作了，凡是所里面的人就调回来，凡是调查组其他人员就留在地方，地方上的人员原来我们出钱，以后就由你们自己来管。西北和东北人员有限，也比较单纯，属于民族所的基本都回来了。西南几个组都比较大，所里说，王昭武你熟悉情况，跟他们去，我就跟李东秀、白玉公去结束云南、贵州、广西几个地方的调查组工作。白玉公是60多岁的会计，负责财务审计。他一直到"文革"结束都跟我在一块，住建国门，离得近，很厚道，我也经常看他。我负责清点搜集的资料、文物。李东秀负责跟对方沟通人员安排，地方民族研究所成立的话，哪些人留下来你们挑，哪些属于我们编制的回北京。贵州是成立民族研究所，要建立基地，又有规划，我们尽量支持。广西调查组回来的，华祖根、陆红妹、颜宝怡这些是我们所的，莫俊卿、徐仁瑶、胡起望都是中央民族学院的。云南是大摊子，头绪多，它本身力量很强，要的人全都留下来，不会轻易给你。

云南调查组结束的情况，可参见田继周回忆：

　　1963年，"云南民族调查组"的牌子就被取消了，或者说调查工作已经结束了，"佤族组"也随之消失了。1964年，我离开昆明回到北京民族研究所工作。

　　——田继周《云南少数民族调查组佤族分组调查始末》，载揣振宇主编《伟大的起点：新中国民族大调查纪念文集》，中国社会科学出版社，2007年，第133页。

内蒙古调查组结束的情况，参见蔡家麒回忆（节选）：

　　当时调查任务也差不多完成了，1964年里，这批费用就可以减缩了，有些调查组就把它撤销掉，如果当地有民族研究所的话，这个调查组就自然并到地方的学术结构里……可是在内蒙古没有民族研究所，所以我们这十几个人就面临重新调动。比我早一点到内蒙古调查组的都是北京政法学院毕业的，大概有四五个人，他们惨啊，他们调动的是糖业烟酒公司蔬菜科、五金公司。把我调到县上去教中学，我不干。我跟北京民族研究所的人拍桌子吵……后来我和研究所管人事的说我是有地方去，我不是要赖在你这地方，你到中关村地球物理研究所调查，看是不是我瞎吹牛的。人事科的老杨他去了解了，确有这个事，他们要吸收我去。

——徐何珊《蔡家麒访谈》，载郭净等编著《中国民族志电影先行者口述史》，云南人民出版社，2015年，第328—329页。

又，

新疆调查组的安尼瓦尔、阿不都热西提亦分配到民族所工作。

——杜荣坤《新疆调查纪行》，载揣振宇主编《伟大的起点：新中国民族大调查纪念文集》，中国社会科学出版社，2007年，第41页。

当时6号楼语言室比较完整，2号楼的人员逐步从各个调查组回来，今天恢复了一个，明天又恢复几个，后来又恢复几个，他们来了之后，重新安排，你适合搞什么工作，摸索半天。原来行政、会计各方面是两班人马，合并以后，具体负责行政是他们的人。白玉公也老了，新进的会计到6号楼，我记得王会计喽，曲月清喽，这些会计来了以后都是在语言室。2号楼就是一些调查组回来的人，没有什么人。不过，两边同事们很快就融合在一起。

1963年，中国科学院会演，我们找民院借人、借服装，凑齐56个民族到中关村的科学院大礼堂表演。表演完，郭沫若还向我们致意。回来后就在2号楼门口合影留念。活动具体是办公室主任王德胜组织，他原来是部队的一个副团长，不太识字，因为一些事就转到地方，来民族所，脾气不小。史凤媱，陕西人，也是办公室人员。这次活动，语言室、历史室、编译室、图书室、会计室、办公室，以及人事科，两边各个室都有人参加。

图4-1 民族所团支部颐和园春游,均从各调查组回京,1963年

一排左起:白滨、任一飞

二排左起:陈元煦、果洪升、黄颢、王昭武、蔡志纯、许鸿宝、阮西湖

图 4-2 民族所从各调查组归来的同志春游潭柘寺，1964 年

一排左起：王昭武、（？）、（？）、宋家鼎

二排左起：龙纯德（即龙绳德，龙云幼子）、白滨、黄颢、姚兆麟、蔡志纯、（？）、刘文贵、定正清、王晓义

图 4-3　在中国科学院会演，1963 年

图 4-4 在中国科学院会演后,于民族所门口合影,1963 年

一排左起:(?)、(?)、(?)、(?)、王德胜、(?)、(?)、(?)、(?)、(?)

二排左起:张淑芳、(?)、(?)、罗美珍、高宝珍、吴碧云、郑启媛、赵习、(?)、李树兰、徐美茹、(?)、郑贻青、金家滋、颜其香、喻翠容、(?)、杨玉山

三排左起:王昭武、张景兰、曲月清、刘照雄、刘芳贤、徐福荣、白滨、朱志宁、王均、(?)、(?)、史金波、(?)、朱莅、应琳、臧岚

四排左起:(?)、(?)、毛宗武、李毅夫、道布、安世兴、(?)、(?)、李有义、王辅世、王恩庆、(?)、陈元煦

原来在民院研究部是给我定的助教，后来升讲师，1958年到了所里，就是助理研究员。当时也写些文章，像《大新县土官统治时期土地关系调查记》《毛难族》《下雷州土官的印》都是那时候写的[1]。

石钟健是中央民院研究部的副教授，1958年到广西。我告诉他，经过调查，安平土司是从领主经济向地主经济过渡的很好的生动的材料，而且我掌握的材料相当丰富，需要再深入调查。石钟健说咱两个去。大概就是一个多星期，开了座谈会。许多东西我都掌握了，但我水平很低，无法把它那个过渡的过程讲清楚，我主要是追溯土司的罪恶。石钟健就偏重土地占有的变化，《太平、安平土司调查访问记录》是他写的。

> 关于1962年石钟健、王昭武关于安平土司的补充调查，可参见石钟健、王昭武旧文：
>
> 今年暑假，趁"壮族历史讨论会"开完的机会，我们从南宁专程赶到大新县的安平及太平二公社，作了这一带在土官统治时期的土地占有关系的专题调查。这次调查是在1956年广西民族调查组已作调查的基础上进行的（调查组曾在这一带调查两个多月，对有关土官统治时期的社会经济情况，收集了相当丰富的资料，已出版《大新县壮族调查资料》，可以参考）。调查工作的任务，一是对"调查资料"中所介绍的情况以及所公布的资料进行核对，二是对"调查资料"没有提到的问题，继续作了补充调查。我们为时一周的调查访问，时间虽说不长，但收获不可谓小，总计抄录碑铭一十五

---

1 《毛难族》，刊发于《民族团结》1964年第1期；《下雷州土官的印》，刊发于《文物》1964年第10期。——编者注

通，旧契五张，访问十次，共得记录资料两万余字。

——石钟健、王昭武《大新县土官统治时期土地关系调查记》，《广西日报》1962年11月1日。

关于当时民族研究所的考核，可参见高文德回忆：

回所工作后，我被分配到民族史研究室北方组，从事蒙古史研究，从而确定了研究领域与方向，由翻译人员改行为史学研究者。1961年，经所内考试，课目包括外语、马列主义理论。我均获通过，定职为助理研究员，提升一级工资。

——邱永君《高文德先生访谈录》，载中国社会科学院民族学与人类学研究所编《中国民族研究年鉴（2013—2014）》，中国社会科学出版社，2018年，第305页。

又，参见邓锐龄回忆（节选）：

1962年，民族所订立制度，每年要考核成绩。我决定先找一本书翻译，就选择了佐藤长的《古代西藏史研究》……那时一般写什么东西呢？主要是汉民族是什么时候形成的，民族的四大特征，斯大林的定义适不适用于中国，"民族"一词在西文里是什么，等等。我不愿意花时间在这上面，愿意学点实际的东西，所以当时一些同学都写文章发表了，我什么都没有。在那时期，所里还让我给历史室的同事补习英文，我是被硬逼上场的。

——邓锐龄《九十自述：如何走上藏史研究之路》，《中国藏学》2014年第4期，第20页。

又，参见王承权回忆（节选）：

我们分到社科院的就是，那个时候叫哲学社会科学部民族研究所，分了三个，我跟老詹，还有孙乃兴，我们三个分来。那个时候社科院是要淘汰的，三四五年要淘汰一批……调查报告也好，比如我们编简史简志那些也好，就是，你写出来的东西，领导要审查，觉得你的文笔呀各方面么还不错，就留下来了，不然的话就要被转业……它也不叫试用期，分来你就是正式的，但是它有个考核，三至五年就要考核你。比如说你三至五年内，你要拿不出成果来，没有什么东西，那你就走人。你拿出来写的东西，通不过，领导觉得，你发表不了正式的，看你的文笔呀各方面不行，觉得你研究能力不够，达不到它这个，当时它是最高研究机构啊，你达不到这个研究机构的要求与标准，觉得你没有太大的潜力，就让你另外找工作，你自己另外找工作，或者单位给你找一个，问地方上要不要，地方上要的话就转到地方，反正中央就不留了。

——鲍江《你我田野：倾听电影人类学在中国的开创》，民族出版社，2016年，第299—301页。

又，参见曹成章回忆：

当时中国社科院民族研究所有个制度，在职人员每年要提交一篇论文，作为考核的成果，我便将这篇论文提交给了单位。后来这篇论文在云南的《学术研究》（社科版）1963年第7期，署名韩魏刊发了。由于这个结论与调查组的结论不一致，引发了一场风波。

——王珍《曹成章访谈》，载郭净等编著《中国民族志电影先行者口述史》，云南人民出版社，2015年，第349页。

1962年、1963年，调查组工作陆续结束，交回来一些东西，就堆在2号楼地上，乱七八糟，那时候无所谓库房，有空房间就堆着。所里面说，得有人来管管，就王昭武你来。我说是长期调吗？他说，说不好，反正你来就是了。中间又叫我去搞瑶族电影。原来黄钰他们在大瑶山搞电影，结果就和电影厂扯皮，说要你们北京的人来和他们"砍"。所里就说，你去试试。年轻人嘛，不管他，我就大着胆子去。说实话，我哪有本事，也不了解电影。

> **关于1963—1964年拍摄《大瑶山瑶族》，可参见黄钰回忆：**
>
> 黄钰、毛翔二人还参加北京科教电影制片厂赴广西大瑶山进行拍摄《广西大瑶山瑶族社会》的影片。剧本由毛翔执笔，解说词由黄钰写成，于1964年摄制完成。
>
> ——黄钰《广西民族调查的回顾》，载郝时远主编《田野调查实录：民族调查回忆》，社会科学文献出版社，1999年，第212页。
>
> **又，参见杨俊雄回忆：**
>
> 影片一年拍摄一至两部，因此涉及的人也不多，导演、制片、摄影、助理，一个摄制组大约五六个人。只有两部电影涉及的人多一些，一个是拍摄广西大瑶山里的《大瑶山瑶族》，因为要做少数民族服装，拍摄内容也比较多，参与人数就多一点。
>
> ——王珍《杨俊雄访谈》，载郭净等编著《中国民族志电影先行者口述史》，云南人民出版社，2015年，第393页。

两边实行的办法不同，电影厂每个人包括照相的、抬照明板子的学徒工，参与的就要挂名，我们这边最多挂县委书记，其他人不挂名，他们计较得很厉害。导演原来是老区来的人，当过市长，宁愿不当市长来拍电影。电影厂的人也不像我们那样深入基层，要求比较多。两边关系搞得很紧张，黄钰他们全走开了。派我去顶他们，我说，你们不干就走。他们擅长故事片，片子拍了12大本。1本大概10分钟，12本就得两小时，这个片子不容易看的。后来有人说影片不好，但资料丰富。电影厂按本结算，他尽量拍，拍得越多收入越高。

有时候天气不好，一个镜头几天都拍不下来，拍了半年。拍电影有经费，我跟生产队商量，我使用你的人给你点报酬，不要影响人家生活，整天给你拍电影。当时要拍成群的青年瑶族男女在"风流岭"对唱，我请生产队出人，结果到了那天，村村寨寨几万人都来了。拍电影很快，只要抓住时间，抓住机会，十几个镜头噼里啪啦一下子搞完了。我说搞完了，人散吧。人就是不散，说要唱歌。唱歌在他们那里，关系着男女之间的婚姻、家庭、村寨的幸福，人家当大事。你是唱假的，他们是唱真的。结果唱一整天。我说，这钱我没法给啊，几万人呢，给不起。县委书记说，不要你管，我出。你不依靠县委根本搞不下来。拍刀耕火种需要砍树，得多少钱啊，你敢随便砍吗？县委说，该怎么办怎么办，我出钱。

当时有好几部片子，像广东的海南岛黎族，云南佤族、独龙族，还有苦聪人、景颇族，电影都有了。东北又拍了鄂温克族，新疆拍的来了，云南又开始拍傣族了，十来部片子，要有人管。拍完瑶族电影后，所里就把我留下来说，电影文物是一个大摊子，要有人管，你来吧。说是叫文物电影资料室，底下哪有什么人，还是属于社会历史室。于是，既要管调查组收回来的东西，也要管片子。把片子借给各大学历史系的学生，学社会发展史要通过最生动的、具体的影像来了解，什么叫封建社会？什么叫奴隶社会？什么叫原始社会？就看这些影片。大学借我们的拷贝，给点报酬，反正有几本放几本。像海南岛《黎族》有6本，《佤族》4本，《独龙族》6本，《景颇族》6本，另外就是《西双版纳》十几本，它内容丰富。新疆也拍了《夏合勒克》，西藏实际上不用拍，它之前拍的《农奴制度》本身就是很丰富的资料。

我们总的有十几部，而且是从头到尾介绍，外宾来了招待外宾，内宾来了招待内宾，各个学校看，发挥了很好的作用。秋浦说，这个值得做，我们民族研究所，一个堂堂的中央级研究所，每一个民族要有一部。他说，要根据各民族实际情况拍出特点，不要千篇一律讲时间、地点、民族分布一般情况，没意思。当时影片很贵重，哪里能够给你随便乱拍，规定了只准拍多少。詹承绪他们拍纳西族，"文革"前就开始了，中间停了，"文革"结束又去了，我没参加，但手续是我办的，结账、交片子、收回文物、拷贝给我多少本，等等。

结束调查组以后，陆续又来了不少大学生，他们基本都下去参加"四清"，顺带也搞搞业务。当时院部来了个团长叫丁健伍，领导政治工作，还成立政治处，他带队去搞"四清"。滕绍箴，搞满族史，吉林大学来的，比较稳重。马大正，上海人，山东大学研究生，底子好，但他出身不好，到所里一直是中间人物，逍遥派，跟我们一块逍遥。卢勋，广东人，搞民族史，是孤儿，中山大学毕业的，在8个党员里出身最好。他比较清醒，和人交心，很能赢得群众的认可，我们自然而然跟他。蔡家艺也是广东来的，人也不错。李坚尚、伍昆明、李近春、夏之乾、于宝麟、李家秀、白翠琴、黄国政、赵树恂、黄庭辉、张江华、刘芳贤、古清尧都是差不多那时候来的。李坚尚、张江华、刘芳贤，我们一起去的西藏。李近春、夏之乾都是我们民族学室的。李家秀爱人杨文炬在我们所里工作。赵树恂，山东大学来

图 4-5 《大瑶山瑶族》
工作人员，1962—1963 年

图 4-6 《大瑶山瑶族》
工作照，1962—1963 年

图 4-7 《大瑶山瑶族》
工作照，1962—1963 年

的，出身好，是我们民族所"文革"时期唯一自己培养的党员。陈佳华，四川大学来的，上海人，上海工厂搬三线，他就跟父母过去，在四川读大学，工人家庭，跟我们一块到内蒙古"四清"，比较平稳的一个人。

关于当时民族研究所新进人员情况，可参见高文德回忆：

  1962年，先参加"反右倾"，第二年，又参加"四清"运动，连续三年，先后去通县、贵州，再赴内蒙古，我一直担任工作队秘书。

  ——邱永君《高文德先生访谈录》，载中国社会科学院民族学与人类学研究所编《中国民族研究年鉴（2013—2014）》，中国社会科学出版社，2018年，第305页。

又，参见杨荆楚回忆：

  1963年大学毕业时，各科成绩优秀，毕业论文得到指导教授较高评价，因此被中国科学院哲学社会科学部民族所看中，分配到北京从事科研工作。就我本人意愿，想到经济所工作，民族所领导不同意，只好从事一无所知的民族研究工作。到所不久，就到山东黄县劳动实习一年。1964年回所不到一个月，又集体到贵州参加"四清"，我留在"四清"工作团总部担任秘书，与团部的省部级领导一起工作，学到了不少实际工作知识和经验。1965年7月回所后，大多数人参加内蒙古"四清"工作，我被所领导留所人事处参加审干半年。

  ——杨华《杨荆楚先生访谈录》，载揣振宇、华祖根主编《中国民族研究年鉴（2008年卷）》，中央民族大学出版社，2010年，第169—170页。

又，参见滕绍箴回忆（节选）：

1963年7月，我来中国科学院哲学社会科学部民族研究所报到……当年10月后，按照周总理指示，中国科学院哲学社会科学部数十名新来大学生，一律前往山东黄县劳动实习一年；第二年10月，根据统战部、民委安排，我所大学生赴贵州参加"四清"；第三年，继续赴内蒙古参加"四清"。

——邸永君《滕绍箴先生访谈录》，载中国社会科学院民族学与人类学研究所编《中国民族研究年鉴（2015—2016）》，中国社会科学出版社，2023年，第349—350页。

又，参见马大正回忆（节选）：

按当时决定，工作队中凡1964年分配到民族研究所的年轻业务人员，大部分留了下来，以劳动实习队的身份在雨集大队的雨集小队和杨家庄小队劳动锻炼，为期半年……实习队15人（包括一位带队干部），除我已有了研究生毕业学历外，都是1964年的应届大学毕业生。

——马大正《劳动亦乐：贵州农村"四清"小记之二》，载冯克力主编《老照片》第5辑，山东画报出版社，1998年，第15页。

我是1965年去内蒙古土默特参加"四清"，1966年又被叫回来，开始运动了。当时民院的学生要冲击我们所，丁健伍不是脚摔跛了嘛，挂着拐杖堵在门口和那些学生吵。黄洛峰，鹤庆人，也是白族，解放前是老党员，在云南很有地位的，后来当到文化部办公厅主任，8级干部，所里就叫他"黄八级"，"文革"前就来了，当所长，后来还当党总支书记吧。运动开始，就被揪下来，打倒在地。我记得，有几次我还特别到他家里面去送材料。

关于"文革"时期民族所的情况,可参见相关记述(节选):

1966年5月中旬,黄洛峰一到民族研究所,"文化大革命"就开始了。到处是风风火火,人心惶惶,他感到很不正常,很不理解……黄洛峰很快就被揪斗了,被说成"执行了反动路线",扣上"走资派""保皇派""文化部的黑线人物"!除了戴高帽子、游街之外,就是打扫厕所清除垃圾等劳动了。这是他到民族研究所不到一个月的时间得到这种"待遇"的。1966年9月,他又被送到文化部接受"批斗"……1968年底,学部各个研究所进驻了军宣队,黄洛峰又被送回民族研究所。他回所以后,仍然住"牛棚",靠边站。

——马仲扬、苏克尘《出版家黄洛峰》,光明日报出版社,1991年,第221、223页。

又,参见高文德回忆(节选):

1966年,"文革"乍起。我们被通知结束"四清",从内蒙古回所,投身运动。我本人盲目参加所谓"造反派",属"地派",写大字报,搞大揭发、大批判,若癫似狂,疲于奔命……到1970年,全所大部分专家学者均被发往河南息县五七干校。当时学部被认定为"五一六"重要聚集地,对当年参与"造反"者,实行严厉审查,逐一过关……不久,我们被从干校召回。但并未安排工作,而是先后在沙滩法学研究所和本所参加学习班,整日学习,晚上才允许回家。直到1974年,才慢慢恢复业务工作,特别是1976年粉碎"四人帮",十年浩劫结束,研究工作才步入正轨。

——邱永君《高文德先生访谈录》，载中国社会科学院民族学与人类学研究所编《中国民族研究年鉴（2013—2014）》，中国社会科学出版社，2018年，第305—306页。

又，参见邓锐龄回忆（节选）：

1969年冬，在"史无前例"的"文革"中，中国社会科学院民族所全部人员集中住在北京市建国门内文学所大楼，投入清查"五·一六"运动。我以"戴罪"之身，奉命烧供暖用的锅炉。过了半个月，12月5日，突然通知我停止劳动，去西郊中央民族学院报到，参加重编"杨图"，即清杨守敬《历代舆地图》（1973年始改称《中国历史地图集》）工作……我们最初在民族学院二号楼一间办公室，隔着两张书桌面对面地工作。

——邓锐龄《"杨图"琐忆》，《〈中国历史地图集〉南宋、元时期西北边疆图幅地理考释》，中国藏学出版社，2016年，第265—266页。

我们把书都卖光了，准备当农民去了。当时在河南息县，住部队军营，白天搞劳动，晚上搞运动。每天劳动是先走半个小时的路，路像油一样滑，光那个就够受的了，还劳什么动。我们这些人还不是挨整对象，像老一些的五六十岁，从来没有搞过劳动，要他去盖房子，一铲土我们都感觉到很吃力，王静如提都提不动，七八十岁的老头还跟着一块下乡。我说根本没有地位，还不能说。我也就40岁，拉个板车运砖头，饿得一塌糊涂啊。我就记得，到小卖部去，小卖部没什么吃的，有白糖来了，我说买一斤，一斤白糖就一口气全吃下去。哎，根本不是把你当平等的人看待。1972年，我从云南探亲回来，就全部回北京。

回来以后，2号楼不让进了，全部到6号楼。6号楼走廊上住满了人，都是搭床睡。民族出版社占了好多房子，西边那半栋楼都是他们，做了很多工作，把他们家属一个一个请走，才把房子收回来。大家多少年不搞业务啊，觉得浪费的时间太可惜了，都恢复搞业务，民族所就轰轰烈烈地恢复业务。

关于民族研究所恢复业务，可参见相关论述（节选）：

一听说中国科学院民族研究所恢复业务工作后，清格尔泰先生立即拿着单位介绍信又一次来到民族研究所找到刘凤翥，并与他谈起了合作研究契丹文字的事……1975年9月10日，中国科学院民族研究所与内蒙古大学蒙古语文研究室合作研究契丹文字的座谈会在民族所召开。民族所的党总支副书记陈化香、党总支副书记兼科研组组长谭克让、历史研究室党支部书记侯方若和历史研究室党支部委员杜荣坤，刘凤翥（业务人员）、于宝麟（业务人员）、罗美珍（科研组成员），内蒙古大学副校长清格尔泰、陈乃雄（业务人员）、新特克（业务人员）出席了此次会议……会议结束后，刘凤翥又向因故没有参加这次会议的民族研究所党总支书记黄洛峰作了口头汇报。

——黄鹿《契丹文字研究首席专家：刘凤翥传》，江苏人民出版社，2022年，第58—59页。

所里接到民委通知要组织一个精干的队伍，入藏调查僜人。我们先到拉萨，向党委汇报情况，党委表示支持并派专车送到察隅。我们去的地方靠近中印边境了，基本和部队在一起，他们保护，不然一群人突然跑去，出了事怎么办。

图 4-8　西藏考察队合影，拉萨，1976 年 5 月

一排左起：欧阳觉亚、张江华、王晓义、李坚尚、张济川、谭克让

二排左起：（？）、（？）、孙宏开、吴从众、陆绍尊、刘芳贤、王昭武、姚兆麟

关于民族研究所"三巴调查",可参见王昭武旧文:

记得在风雨如晦的 1976 年春夏之交,我参加了民族所新组建的西藏民族考察队,内分社会历史、语言和摄影 3 个组。我们一行 15 人,离开了北京,奔向遥远的西藏高原。先后在紧邻印度的察隅、米林和墨脱等县边地,开展社会历史、语言和拍摄电影工作。

——王昭武《在西藏的归途中》,载郝时远主编《田野调查实录:民族调查回忆》,社会科学文献出版社,1999 年,第 471 页。

又,参见张江华回忆:

1975 年邓小平同志提出整顿各项工作的指示,社会科学研究也开始逐渐恢复。1976 年春天,"三巴"调查终于提到议事日程。所长黄洛峰和有关所、室领导都全力支持这次调查,组织了社会历史、民族语言两学科的研究人员组成的"西藏民族考察队"。还请北京科学电影制片厂的摄影师一同前往,拟拍摄有关僜人的科学纪录影片。考察队队长是谭克让同志,社会历史组有王晓义、吴从众、姚兆麟、王昭武、李坚尚和我。语言组有孙宏开、欧阳觉亚、张济川和陆绍尊等。

——张江华《藏东南"三巴"考察的回忆》,载郝时远主编《田野调查实录:民族调查回忆》,社会科学文献出版社,1999 年,第 415 页。

又,参见李坚尚回忆:

1976 年,民族研究所在前所、室领导人黄洛峰、秋浦、侯方若同志的主持下,冲破了长期不搞业务的"内战"状态,第一次组织了赴藏民族考察队,对米林、隆子、错那、墨脱和察隅的珞巴族、

> 门巴族、僜人的社会、历史、语言进行全面的调查。这次又简称为"三巴调查"的考察，其成员分别为谭克让、欧阳觉亚、孙宏开、张济川、陆绍尊、王晓义、吴从众、姚兆麟、王昭武、张江华、刘芳贤和李坚尚，计十二人。另外，还聘请北京科学电影制片厂的摄影师鲁敏等三人对察隅的僜人和米林县珞巴族博嘎尔部落的社会、文化进行了专题拍摄，前后历时8个月。
>
> ——李坚尚《喜玛拉雅山地的珞巴、门巴族调查》，载郝时远主编《田野调查实录：民族调查回忆》，社会科学文献出版社，1999年，第442页。

我们队伍很整齐，合作得很好，我们一边调查，一边拍电影，各人有各人的活，同时进行，短短几个月，报告写好了，电影也拿下了。我主要负责拍电影，先写分镜头脚本。你比如说，他们原来从什么地方来？你用虚镜头介绍。然后这些人来到了中国，散布在山林里边，依靠狩猎，依靠采集，形成了特点。他们借助了汉族、藏族的工具，每个人有一把刀，既是武器，也是生产生活工具，是重要的标志。妇女是财产，是劳动力，几头牛换一个老婆，富裕的人有好几个老婆，老婆越多财产越多。这家主人死后，除了亲生儿子外，他的兄弟、侄子继承他的那些老婆。他们是这样的一个社会，你自然要拍这些内容，拍僜人社会里不同人的地位。电影厂的人布置镜头，负责技术，拍远景了，拖镜头，远远的山里有这么一片地方，有那么一家人住着，他们的长房是像火车车厢一样排列。然后近景，长房里怎么摆设，墙上挂野兽头骨，代表主人的勇猛。生活中，怎么用三角麦沤酒，怎么种地，各个老婆的分工、地位，等等。

关于《僜人》电影拍摄，可参见王昭武旧文（节选）：

我们7个人主要调查僜人的情况和语言，边调查，边讨论，边补充，边写资料，经过一个多月的紧张工作，便基本完成任务。在此基础上，共同编写出拍摄要点。接着我和北京科学教育电影制片厂来的3位同志，深入现场，根据要点设计出一组组分镜头脚本，便选定场地和人物，按内容逐段复原开拍。两个月间便拍完了大部分镜头……

在此项连续进行的调查和摄影工作中，我们广泛接触僜人群众。从他们历经的原始生活中，使我受到刻骨铭心的震撼。在茫茫的原始丛林之中，成群的僜人按不同族姓，依靠狩猎、采集和低下的原始游耕农业，取得难以保证的食物，维持着极端艰难的生活。在父系家族中，妇女处于被奴役地位，终生被男子用牛买来卖去。直到1970年止，党和政府经过多年艰苦努力，才把所有充满种种疑虑的僜人，从察隅县各地的山林中解救出来。在当地藏民的有力帮助下，搬进新建的木楼，脱下单薄的麻布衣服，第一次穿上御寒的衣裤，使用各种铁制工具，学会种植水稻、蔬菜和果类，开始了幸福的定居生活。为了拍摄过去的情况，我们在他们曾经生活的原址，搭建茅棚恢复原状，以反映他们的原始生产和生活习俗，生动地显现出人类早期童年的艰难。又着重体现在社会主义条件下，僜人正发生着天翻地覆的巨大变化。

——王昭武《在西藏的归途中》，载郝时远主编《田野调查实录：民族调查回忆》，社会科学文献出版社，1999年，第472—473页。

又，参见张江华回忆：

结束了在上察隅的调查，回到下察隅考察队队部时，已经是8月初了。电影拍摄还在进行之中，我们就参加到拍摄工作中去了。电影的许多场景是僜人生活的真实记录。也有一些表现僜人下山以前（僜人原住在山上的森林里，人民政府关心他们，经过工作组的动员才迁到台地上居住的）状态的场景，让僜人演示他们曾经历过的生活和习俗，用"重建"的方法来拍摄。"重建"的场景看起来还是逼真的，有一定的学术价值。历史条件限制，不得不用这种方法拍摄。1977年，我所王昭武先生与科影厂的摄影师们再次去察隅，才完成拍摄任务。

——张江华《藏东南"三巴"考察的回忆》，载郝时远主编《田野调查实录：民族调查回忆》，社会科学文献出版社，1999年，第425页。

僜人调查搞得很顺利，他们继续去调查珞巴、门巴，我留下来把电影搞完了，才去米林搞珞巴的电影，墨脱我没去。当地生产时间是夏天，还要等明年再补拍，我们也要回来修整，王晓义、李坚尚他们去拉萨搜集资料，准备第二年再去。

关于这段经过，可参见王昭武旧文（节选）：

经过短短三个月的努力，我们摄影组在基本完成《僜人》的拍摄工作之后，又转赴米林县，开始拍摄《博呷尔部落的珞巴族》的电影资料片。年底，在完成预定的任务之后，我们决定回京整理所拍的样片，以备来年入藏补拍。

——王昭武《在西藏的归途中》，载郝时远主编《田野调查实录：民族调查回忆》，社会科学文献出版社，1999年，第471页。

结果，等啊等啊，没人来，所以珞巴电影没完成，只拍了一半。要是杨光海他们来搞的话，可能就不走这弯路了。科影厂知道电影没拍完，也知道是我们的，所里面以后得要回来，能编多少算多少，编成什么样算什么样。"文革"结束以后，大家马上就是叮叮当当评职称喽，出书喽，这个事就没人再提了。《僜人》的电影放过几次，但后来因为一些原因，就不让再放了。

当时给我们配了一个相机，我拍了不少僜人的照片。我记得有一次，县委书记说，老王你有什么事。我说，我没事。他说好，跟我下乡，带着我到一个村庄。我是第一个从北京去这个村庄的人，整个生产队一听是北京来人了以后，停止生产。县委书记做我的翻译，我们两个一家一家拜访。到了吃饭的时候，每家家门口杀一只鸡，煮熟了以后鸡头向着你，表示欢迎最尊贵的客人。县委书记就问我，你怎么办？我说，我这相机一共12张底片，我照过一张，还有11张。妇女队队长照一张，全村照两张，民兵照一张，干部照一张。哎哟，那种热烈，那种感激。后来孙宏开跟我讲，老王你去那个地方你知道吗，是僜人的最早来的一个村，他讲的话是僜人的话。我把照片洗出来送给他们，高兴得简直不得了。还拍了些调查组工作照。当时特殊时期嘛，在拉萨的时候还去拍了不少天葬的照片。在村庄里没暗房，也不可能拿到拉萨、北京来洗，我呢就在夜里，搞些药水，拿个电筒，蒙上红布，就可以洗照片了，我自己学了洗照片那一套东西。洗好看看样片，我心里面就踏实，已成功了。所以僜人这些照片就是在暗房里面摸索出来的。我说我拍得不好，但作为资料，我想还是有些价值。前段时间，我整理以后都交给所里了，一共有200多张。

图 4-9　穿僜人盛装的王昭武，1976 年 6 月

图 4-10　与十八军老战士、察隅边防站老站长、纳西族和喜（中），
　　　　 及中国科学院赴藏考察队员（左），1977 年

图 4-11　在米林南伊河边，1976 年
左起：王晓义、李坚尚、谭克让、王昭武

1979年，民委恢复业务，组织人马搞"五套丛书"。马寅要建民族博物馆，到所里来，我领他看所里文物。他原先设想把我连同文物一块调走，但我是要退休的人了，他不是要我这个人。领导之间怎么谈的我不知道，反正我没去。后来说借调去"五丛"办，其实人没去，挂个名而已。我们具体做工作，他们也不错，还把我们几个人的名字写到书里了。

参见《中国少数民族》"后记"：

尹文成编绘了民族分布略图；王昭武编制了两个附表；王昭武、杨时铎负责搜集图片资料，在工作中得到了民族画报社、民族文化宫、中国图片社和一些热心的同志的大力支持。

——国家民委民族问题五种丛书编辑委员会《中国少数民族》编写组编《中国少数民族》，人民出版社，1981年，第595页。

第五章 悠游库里江湖远

1981年,"五丛"办完事后,我照旧管文物,又开始搞《画库》了。

罗致平是老先生,广东人,什么闲事也不管,一直坚持在所里搞文物工作。我和他没什么接触,是他们都不干了,各个调查组又交来东西,才把我转过去临时收摊子。原来有个孔宪廷,做总务的,和李秀枝一对,大概是1959、1960年后吧,我回所时见过他们,后来稀里糊涂地不见了,是一对老头儿老太太。他们俩先开始收,收了好多东西就堆在2号楼地上。所里就找来孟庆芬,清洗、登记,人手不够又叫来王慧琴,她从贵州组回来,爱人是北大医务室的医生。等于说,孟庆芬和王慧琴来接替孔宪廷、李秀枝。女同志比较细心,她们负责清理、登记,我就负责到处跑腿。后来,她俩也不干了,就剩下我一个人。

关于孔宪廷、李秀枝等人信息,可参见武自立回忆:

1960年工作队撤销,从中央民族学院、中国科学院民族所抽调来的干部陆续回北京。从地方借调来的民族干部也纷纷回原单位工作。云南弥勒县也来函要我回县工作。只因工作队撤销后,扫尾工作还没有结束,要我留下,便成立云南工作组处理这项工作。组员有孔宪廷、李秀芝、纪嘉发、杨文虎和我。孔宪廷任组长，李秀芝负责管理留在昆明的原四队资料。我当会计，并协助领导处理一些日常事务的工作。

——武自立《略述我在语言调查第四工作队和云南工作组时的工作情况》，载郝时远主编《田野调查实录：民族调查回忆》，社会科学文献出版社，1999 年，第 173—174 页。

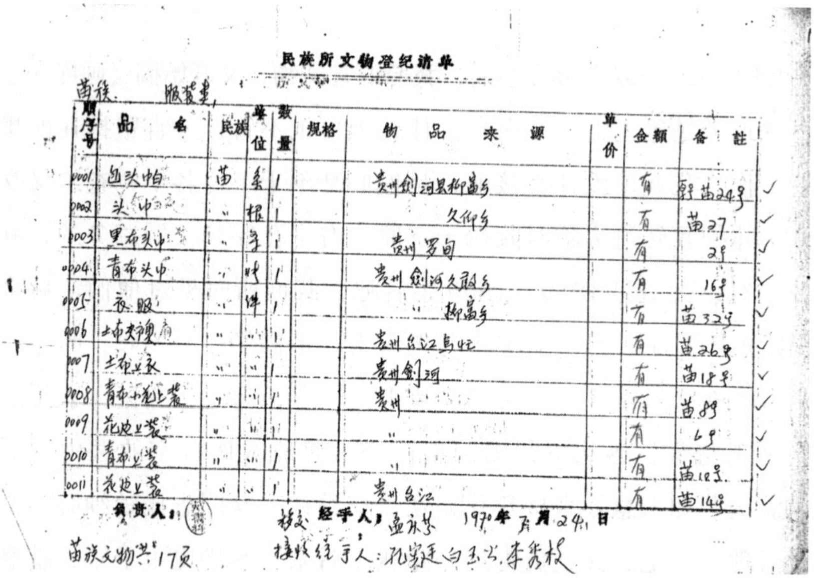

民族所文物登纪清单

苗族　服装类

顺序号	品名	民族	单位	数量	规格	物品来源	单价	金额	备註	
0001	包头帕	苗	条	1		贵州剑河县柳富乡		有	原苗24号	✓
0002	头巾	〃	根	1		久仰乡		有	苗27	✓
0003	黑布头巾	〃	条	1		贵州罗甸		有	2号	✓
0004	青布头巾	〃	件	1		贵州剑河久敢乡		有	16号	✓
0005	衣服	〃	件	1		〃 柳富乡		有	苗32号	✓
0006	土布夹裤	〃	〃	1		贵州台江乌圩		有	苗26号	✓
0007	土布上衣	〃	〃	1		贵州剑河		有	苗18号	✓
0008	青布小花上装	〃	〃	1		贵州		有	苗8号	✓
0009	花边上装	〃	〃	1		〃		有	6号	✓
0010	青布上装	〃	〃	1		〃		有	苗12号	✓
0011	花边上装	〃	〃	1		贵州台江		有	苗14号	✓

负责人：　移交经手人：孟永琴　1970年5月24日

苗族文物共17页　接收经手人：孔宪廷 白玉公 李秀枝

图 5-1　民族研究所文物登记清单

后来任务不断增加，结束各个调查组，要去协调交接，资料、文物要收回来；拍电影，经费怎么出那是白玉公他们会计管，拍完电影给多少钱，收回拷贝，买的东西运回来，这是我的问题，别的我不管。本来，领导跟我讲的意思就是要有人管一管，结果管着管着，我反而变成专职干部了。以后《画库》资料喽，什么东西都压到我头上来了，咱小干部，只能服从领导安排。

关于民族研究所文物电影资料室沿革，可参见乌云格日勒梳理：

1962年，民族所专门成立了"民族文物电影资料室"。王昭武同志从1964年开始接手管理文物，组建起隶属于民族学研究室的文物室，并进行了文物登记。"文革"期间，这批文化藏品被送到中国科学院文学研究所封存，由民族所委托专人看管，直到1974年重新运回本所。1983年，黑龙江省民委筹建民族博物馆时，有关东北少数民族器物被转拨借展。1993年，王昭武同志退休之际，彭雪芳同志从国家民委民族博物馆筹备组调到民族所，并与王昭武、陆莲蒂同志一起整理了所藏文物，登记造册，负责管理文物。2001年，文物管理移交给了谢继胜、廖旸两位同志保管。2005年，由民族所行政办公室保管文物室钥匙。2007年，文物室钥匙改放在民族所机要室。2009年，民族所办公楼装修，所藏文物移至社科院院部。

——乌云格日勒、杨园章《中国社会科学院民族学与人类学研究所藏革命文物及其价值》，《内蒙古民族大学学报（社会科学版）》2022年第5期。

关于民族研究所文物来历，可参见乌云格日勒梳理：

民族所藏文物的来历，可上溯至20世纪50年代，大大小小有1700多种。民族所藏文物大致有四个来源：一是20世纪五六十年代少数民族社会历史大调查时，调查组从新疆、西藏、东北等地收集；二是西康平叛罪证展览会结束后赠予；三是民族文化宫赠予；四是拍摄中国少数民族社会历史科学纪录电影时，向少数民族群众现场征集。另外，还有一部分文物是所内前辈们从市场上购买所得。

——乌云格日勒、杨园章《中国社会科学院民族学与人类学研究所藏革命文物及其价值》,《内蒙古民族大学学报(社会科学版)》2022年第5期。

各省研究所和我们是平行关系,兄弟关系,再说各个调查组的关系也不一样,拿回来的文物自然不同。你比如,云南成立了研究所,还建博物馆,包括资料,它本身要用,基本都留着,所以云南组没拿回来几件。贵州它也愿意自己留着,只给了小部分,所里面1963、1964年来的大学生,像马大正啦,他们去贵州搞"四清",顺便搞搞业务,也带回来一些文物。广西因为在我们手里边,我就可以要回来,哪些你不能动,是我搞的我知道。真正比较完整带回东西的是新疆组和东北组,调查组整个从上到下都是我们派人,我们出钱。凡是别人插手的就没有你的份,文物、资料谁不要嘛。

四川组的话是因为夏康农、洪涛直接在底下,四川就搞得回来。四川本身成立研究所比较晚,那些人基本是我们所里面派去,或者在地方招的。夏康农是副所长,民主党派,很有劲的,但时间不长也就调走了,他爱人在咱们会计室。洪涛,年轻,调查组秘书,实际他说话管用,他跟四川民委关系很好,通过他帮忙,我们把东西拿回来。当时在成都搞了个平叛展览,展览完了东西就撂在地上,乱七八糟没人管。洪涛就给所里来消息,说有一些东西,赶快来看一看。所里就让我陪着廖宝昀去。到了一看,像红军长征留下的行军锅喽、武器喽、衣服啊,民族上层用过的烂的装香水的木匣子,奴隶戴的镣铐,什么东西都有,当然破烂不堪用不成了。廖宝昀就说,我们挑几件。人家说,不要挑,要就全部拿走,你挑完剩下的我们算怎么回事嘛,没法交代。我们和所里说,所里说,全部拿回来。

我在当地打了二三十个木箱,用火车押运回来。结果一到北京,好家伙，立马把我们扣住了。原来嘛，廖宝昀戴着金丝眼镜，穿的西服还没有领子，假洋鬼子。人家从成都就盯着我们，认为我们是到民族地区走私药材，一到站自然就给控制住了。后来看我们什么文件都有，把我放了，廖宝昀是所里出面才给放出来。廖宝昀"文革"后就回广东，也没审查，老先生中唯一没有挨整的就是他。东西拿回来后一直放2号楼一楼楼梯口，所里边七嘴八舌就来了，说王昭武搞了些破烂回来。我也不好解释，怎么解释啊。而且我也没把握，人家说你要就拿走，不要的话一件不给，那我只能都要回来再说。有段时间不是运到文学所保存嘛，人家就说，哎呀，你们这些东西又脏又臭的，搞那么多东西干什么。"文革"结束了，我们搬到6号楼，东西得收拾呀，不然发霉，当时我也只使得动李坚尚，小李子你帮帮忙，铺在阳台上晒。大家都来看，说看看王昭武的破烂。

"文革"开始，1967、1968年，民委瘫痪了，根本已经动不了了，主任全部打光了，底下民族宫不也搞造反派嘛，要有一些活动。民族宫毕竟是个机构，好几百人呢。当时就派我和孙宏开过去，帮助他们造反派组织、领导运动，有点军代表的意思。我们本身无职无权，没什么野心，过去也只是上头派的任务，去支持人家，有什么事情就互相商量，他们也看出我们不是张牙舞爪的人，所以两边关系处理得很好。到一定时间后，我们撤回来了。民族宫定时要收捡、清理一下，不是跟我们关系很好嘛，就打电话来说，我这有些东西，你们如果要的话来看看。我们当然要了，民族宫的都是好东西，各省最好的才能送到北京展览，何况还是无偿的。给的倒不多，但都是好东西啊，主要是西藏的佛像。

民族所没什么钱，买不起文物。拍电影有些钱，可以用经费买点东西。我是这样，凡是我们借来人家不拿回去的，或者买到的，那就算我的东西，就带回来。所以，每拍完一个电影，一大堆东西就运回来，自然而然地就多了。不收拾嘛，它不算什么，你一收拾嘛，它就成了文物。你比如说，少数民族服饰，像海南岛黎族，每个女的都穿一条筒裙，花样就100多种，我拍电影，必须要找到。各种花样怎么搞的，体现它的工艺。我买到手就要拿回来，人家也无所谓，送你啊，我已经不用了，可是你现在要去收可不容易。过去旧房子、旧家具，不要的东西，经常见的东西，你现在要再去找，没有了。拍电影用完以后，我拿钱买的东西不能够不算我的，我拿不动就算了，我能拿得动的我必须带回所里，才有交代。所以，该拿回来的、可以拿回来的，我都拿回来了，实在拿不回来、破破烂烂的那就算了，就这样，我们文物室无限扩大。

像我在大瑶山拍瑶族，他们新嫁娘穿的服装，是她从当姑娘时就开始做，得做多少年，就结婚穿一次，一辈子保留下来。我觉得很宝贵，很有价值，我就把它买到手。多少钱记不住了，反正我觉得那时候还是相当贵的，但人家功夫在那，很值。瑶族有些碑很重要，拍电影时我也买到手了，包了一节火车全部运回。

关于《大瑶山瑶族》电影拍摄，可参见杨俊雄回忆：

拍摄广西大瑶山里的《大瑶山瑶族》，因为要做少数民族服装，拍摄内容也比较多，参与人数就多一点。

——王珍《杨俊雄访谈》，载郭净等编著《中国民族志电影先行者口述史》，云南人民出版社，2015年，第393页。

当时所里边拿来东西就堆，2号楼厕所里堆得满满的。电影片子也堆在厕所，那是最忌讳的，潮湿就要坏事，但没地方放。王辅世说：王昭武，你啊你啊，你把那些片子放在厕所里边，又没人管，你知道吗，冯玉祥就是在船上电影胶片着火烧死的。胶片是易燃的嘛，都是东德进口的，我说我实在没地方放嘛。后来我就跟所里说，这个事情怎么办。所里说，那就要点钱吧，盖个库房。库房要求有温度、有湿度，什么湿度、温度，只要有个房子给你就不错了，就花钱在民族学院15号楼后面盖了个小矮房。1964年，又从部队放映队调个人来，叫程东初，他爱人曲月清是所里会计，我就把片子都交给他们，像北大、北师大历史系要借，所领导批一下，就找程东初借。

"文革"时期，谁也不管，文物整个堆到院部文学所，现在院部主楼前面原来还有两个楼，拆掉了，当时文学所、外国文学所都在那里。

> **关于民族研究所人员集中到文学所，可参见邓锐龄回忆：**
>
> 1969年冬，在"史无前例"的"文革"中，中国社会科学院民族所全部人员集中住在北京市建国门内文学所大楼，投入清查"五·一六"运动。
> ——邓锐龄《"杨图"琐忆》，《〈中国历史地图集〉南宋、元时期西北边疆图幅地理考释》，中国藏学出版社，2016年，第265页。

干校回来后，我们就把文物从文学所搬回6号楼，把东西塞进二楼正对楼梯口，现在做办公室的那间。我一个人一间办公室，谁也挤不进来。我经过大体整理，把零碎的我认为好的，比较宝贵的寄存到办公室。我说，我要管就要管住，不然的话，这个来看看，那个来看看，这个抓一把，那个抓一把，又没有制度，那不行。一般的全都放在走廊上，搞些书架子摆着。所里又说不行，最后是在三楼给了两间房子，三楼男厕所旁边一点，大体是上楼以后拐弯过去第三间。文物要摆开不能堆，要压坏的，我搞来几个书架，按民族分类。有些实在没地方放，就摆在三楼走廊。我跟他们开玩笑说，我就在这儿按民族开个展览会，让你们看看，你们说我王昭武是收破烂的，你看看这些东西，你们来说说。

贵州、四川收回来的文物，几十箱，整整两个房子摆不下。民族宫给的文物好极了，要到手的东西，他们也不会退回去的。我都得造册，国家财产嘛，人家给我的时候清清楚楚的，我也不愿意不清楚。四川那批文物就一个清册，破破烂烂一大堆，那些我倒无所谓，没有负担，我心里面明白，丢到大街上也没人要，但我认为有价值。还有一些道公的书，很脏，但很有价值。一部分是广东来的，还可以，包括一套做法的道具。一部分是四川来的，专门念咒，治疗害病什么的，乱得很。我缺乏藏族方面的系统知识，所以给我什么我就要，先拿回来再说。海南岛黎族服饰，你现在到海南岛去，要找一条都不容易，但我们有几百条，而且每条花色、品种不一，只有我们最全。

他们说我这些文物不好，实际是他们认识不好。少数民族地区就这水平，你以为能收到多好、多完美的东西，不可能的嘛。好的文物那是民族宫给我的，镀金的，都是工艺品，华贵，但那是上层的。其他大量都是石头做的，瓷做的，佛像有各种各样的，民间多了去了，你根本看不上。但这就是它们的来源。单是佛像，我可以系列地展览，从最好的到最次的。而且每个佛像都有名字，是当地人崇拜的，他只有这个层次的东西，你不要脱离地方的实际水平过高要求。

秋浦和我讲过，民族所既要有一套文字资料，也要有一套电影资料，我们不一定每个民族都拍，可长可短，但要拍它的特点，使人看了有所收获。所里恢复拍电影后,又收回来一些文物。

> **关于民族研究所重启民族志电影拍摄,可参见杨光海回忆(节选):**
>
> 1977年秋,我调入中国社会科学院民族研究所报到后不到一周,社科院的领导接见我,要我汇报开展拍摄工作的打算,需要的必要条件等……电影组正式成立,我任组长,并先后调来邵海光、杨小雄、吴立平三位年青人,作为我的助手。民族研究所自主拍片的目标已经实现,它结束了十多年来委托电影制片厂拍片的历史。
>
> ……
>
> 1978年,民族研究所建立电影摄制组后,我遵照所领导秋浦同志的建议,给民族地区有关民族研究部门去函,请他们编写当地有关的民族志电影拍摄提纲,以便列入拍摄计划,安排拍摄。但好几封盖有公章的信,发出半年有余,未接到任何反馈信息。
>
> ——杨光海《民族影志田野集录》,云南教育出版社,2009年,第76、116页。

你比如说,纳西族的摩梭人,所里派詹承绪、杨光海他们4个人专门去搞,把它拿下来,东西收回来也比较全。他交回来以后,我们请他造册,他拿回来的他最清楚,我没有经手。印象里,有个木质的棺材,是人缩在一个笼子里边用木头烧,烧完了放棺材里,一整套的。有特色的他们才搞来,一般的就没必要。

拍赫哲族拿回来的东西多。

> 关于《今日赫哲族的渔猎生活》影志拍摄，可参见杨光海回忆：
>
> 　　1983年的4月间，中国社会科学院民族研究所和自然博物馆、黑龙江省民族事务委员会联合举办"赫哲族的渔猎生活"展览。展出地点在自然博物馆，展品有文物、图片、电影放映等。民族研究所负责搜集展出的文物、图片和摄制《今日赫哲族的渔猎生活》彩色影片，自然博物馆负责提供展厅，展室展板的设计和标本制作等。黑龙江省民委全面协助民研所工作人员搜集文物、拍摄影片，自然博物馆人员赴当地考察体验生活等。三方协议达成后，工作人员分两批先后赴黑龙江省赫哲族住地开展工作。
>
> 　　——杨光海《民族影志田野集录》，云南教育出版社，2009年，第140页。

　　赫哲族是渔猎民族，一半打猎，一半渔业，又被叫"鱼皮鞑子"嘛，渔业是他们的特色，别的民族没有，所以电影一定要拍渔业。刘忠波写过《赫哲族的渔猎生活》，他原来是黑龙江民委的科长，参与东北组的调查后，秋浦就把他带到我们所里。脚本早就写好，杨光海他们搞完以后，我去收摊子。我得去算账，给人家误工的工钱，买的东西要结算。

　　和少数民族群众关系搞好以后，提供了好多鱼皮做的鞋、衣服，都是几十年前老一辈人穿的。但是这些东西怎么制造，手艺失传了。杨光海他们请了一个汉族师傅来试，结果，500块钱的鱼全沤烂了，说不行。鱼皮鞑子就得拍鱼皮，不然你交代不了。后来，我们找了半天，找到一个70多岁的老太太，她小姑娘时候看过她祖母压制鱼皮，摸索摸索也就恢复了技艺。我们才明白，哦，鱼皮是沤过以后经过搅拌、揉压，它才柔软，柔软又结实，干了以后再处理。像我从赫哲族那儿拿回来的桦皮船,轻倒是轻,一个人扛起来,但是要摆啊,我就摆在那个柜子的顶上,没地方摆。

我印象中赫哲族收回来的文物专门有个清单,拍电影用的那套东西全有。我跟列车员吹牛,说我们是电影厂的,在宣传他们地方的文化,于是就按照火车货物的最低价格,包个火车皮全部运走,所以拍赫哲族电影拉回来的东西最多。我就记得,赫哲族一些老乡跟我诉苦,说是给他们报酬不够。我说国家也困难,做些解释、安抚工作。当时民族所也穷,200来人,有一半多闲来无事。后来,黑龙江要成立博物馆,没展品,来找民族所帮忙。所里有人主张,把东北的文物全部给他们。我们所里面大概还有鱼皮的衣服,当时所里要给,我说不行,我知道一个是来路不容易,是收来的,不是我们后来制作的;第二个,它毕竟是清朝留下来的东西,也有年头了,不仅是工艺品,还是文物。不知道还不在。

关于《赫哲族的渔猎生活》展览,可参见《人民日报》报道:

一个介绍赫哲族渔猎生活的展览,今天在北京自然博物馆开幕。

人大常委会副委员长班禅额尔德尼·确吉坚赞,政协副主席杨静仁、包尔汉出席了开幕式。中国社会科学院院长马洪在开幕式上致词。

赫哲族是我国人口最少的民族之一,现有1476人,主要分布在黑龙江、松花江和乌苏里江的三江流域。在漫长的历史中,他们从大自然中直接获取生活资料,过着以鱼兽为食,衣寝其皮的生活,用狗拉雪橇,桦皮做船,保留着许多原始的生产生活方式。新中国成立后,赫哲族由濒于绝灭的民族走向新生,生活改善,人口增长。

《赫哲族的渔猎生活》展览,陈列着大量的实物、图片和模型等展品。这个展览是由中国社会科学院民族研究所、黑龙江省民族事务委员会、北京自然博物馆主办的。

——《人民日报》1984年2月13日，第4版。

又，参见王昭武旧文：

一九八四年春节，由中国社会科学院民族研究所和黑龙江省民族事务委员会、北京自然博物馆举办了《赫哲族的渔猎生活》展览。这是沉寂多年的第一次民族学展览，它以民族学对赫哲族的研究资料，运用文物，并配以图画、照片、模型、图表和简要的文字说明，以及生动的电视片，展现了赫哲族的历史变化和风土人情，提供了民族知识。在京公开展出的四个月内，广受各方重视，吸引了五十多万中外观众，并在全国发生了反响。

——王昭武《〈赫哲族的渔猎生活〉展览追记——兼论民族学展览》，《黑龙江民族丛刊》1986年第4期。

展览实际就两个房间，我们不是恢复原样，就是把东西摆桌面，然后介绍这是什么东西，很简单的布置。但它是配套的，先看文物展览，再看电影，展览和电影配套，虚实结合，很生动。曹成章当时是民族学室主任，他也很有兴趣，我们就钉在那儿搞，我负责各种琐事，也帮忙讲解。那是"文革"后第一次民族展览，加上自然博物馆有影响力，一号召，涌来好几万人。班禅、包尔汉、杨静仁都来了，所长照那斯图亲自接待他们。我记得，包尔汉问，鱼还可以做皮啊？我就向他介绍怎么制作，又防雨又防湿，而且还耐牢呢。所以他们都说嘛，小小展览，惊动中央。照那斯图就说，我们民族所小题大做，以后你们像这样继续搞，大搞。我们所里边那时候算是打红了一炮。

我们又有文字，又有电影，又有实物，能够说得清楚。展览成功做完以后，所里有兴趣了，还想搞，但谈何容易。我们在底下跑腿的最清楚，买东西的钱可多可少，要拍电影才能用电影的经费去买文物，何况电影也不拍了。

> 关于民族研究所撤销电影组一事，可参见杨光海1982年2月12日给徐志远的信：
>
> 十一月间，所管人事的同志召集我们电影组开会，突然宣布撤销电影组。理由是：所领导多病，身体不好，管不过来。拍电影政策性很强，一个所不便进行。所以，撤销电影组，人员解散，并要我们自己联系工作，联系好后，给他们打个招呼。仅讲了十多分钟。
>
> ——杨光海编《中国民族社会历史科学纪录片文本汇编》，云南人民出版社，2015年，第651—652页。

秋浦非常能干，头脑清楚，我很欣赏他。他说，民族所写一本简史不够，咱们还应该配套，应该有一本少数民族的画册，每个民族一本，我们还要有电影，这样的话，民族所才能够成为"中央军"。秋浦是中国民族学会会长，秘书长是詹承绪，要有人办各种琐事。秋浦他看中我能帮他们去联系、买车票、办住宿，他说，和地方联系，人家要看你有没有身份，你要是负责人，人家对你就尊重些。所以就给我副会长的名头，其实我没有什么的，就是干一些基础工作。他要成立《画库》，身体又不方便，就把我调去跑腿。我陪着他一块下民族地区，到贵州，到黑龙江，到各个省里边组织力量拍摄。

1981年，秋浦去昆明开会，我跟着去。我们碰到了时佑平，他是江西文联负责人，很热心来搞民族学，主动来找秋浦。秋浦很高兴，他心胸很开阔的,各方面人物也都接触,只要人家有兴趣,他就积极支持。开完会,我们一行人就去西双版纳转转,我是云南人嘛,自然替他们张罗生活。西双版纳回来后,又陪着去了趟鄂伦春旗。也正是因为买机票,张罗生活这些事,秋浦感觉到,王昭武不装腔作势,彼此关系自然比较亲近。

> **关于两人出行,秋浦有过记录(节选):**
>
> 刚刚拂净衣襟上沾来的西双版纳的泥土,我又来到祖国东北的大兴安岭腹地,作了一次时间虽短而极富有意义的旅行。十月,在西双版纳还是气候温暖,林木葱茏,一派热带特有的景象;而大兴安岭地区,则已是大地冰封,草木枯黄,俨然是初冬季节了。
>
> ……
>
> 这次,我与王昭武同志一道匆促成行,乃是应邀参加鄂伦春自治旗成立三十周年的庆祝活动。
>
> ——秋浦《大兴安岭腹地考察记》(1982年6月24日),《民族学在中国》,中国经济出版社,1993年,第243—244页。

图 5-2　石林，1981 年

汪宁生（左一）、许鸿宝（左二）、满都尔图（左三）、
时佑平（居中老者）、秋浦（一排右四）、王昭武（一排右一）

图 5-3　在西双版纳，与召存信等，1981 年

左起：王昭武、（？）、时佑平、召存信、秋浦、（？）、（？）

| 第五章 悠游库里江湖远 | 145

图 5-4　与秋浦（下）在鄂伦春自治旗，1981 年

> 关于"中国少数民族《画库》"的提出，可参见秋浦旧文（节选）：
>
> 这一初步设想在一九八一年七月十六日至十九日中国民族学会在昆明举行的座谈会上提出，经过与会同志的讨论，作了必要的补充和修改。
>
> ……
>
> 48. 中国少数民族画库。
>
> ——秋浦《民族学在中国的传播和发展》"附录《关于发展我国民族学的初步设想》"（1984年6月28日），《民族学在中国》，中国经济出版社，1993年，第69、72页。

秋浦以民族学会的名义，或者说民族《画库》的名义，在新疆办事处开了一次会。《画库》的原则就是可多可少，还是按照过去拍电影的方式，搞特点，不突出的一语带过，突出的重点深入。秋浦总指挥，他腿不行嘛，但他会用人，写一笔好文章，他出主意，我们具体办，再给他汇报。他和那些老专家关系好极了，所以才拥戴他出来当会长，不然怎么可能让他一个外行来当。他以前搞过业务，写过书，有电影，做出不少成绩，后来就一直搞《画库》。翁独健很风趣，开玩笑说，秋浦啊，你掉到"裤子"里去出不来喽。

陈元煦负责安排《画库》工作，比如，某个省某个民族的描述，要由哪些专家来负责，谁最适合写脚本，都由陈元煦统筹。我那时候搞《画库》，就是拿胶卷找一些摄影师，请他们按我们的提纲拍。后来陈元煦因为照顾爱人的关系，回福建去，这个摊子就交给了我。

图 5-5 在北京新疆办事处召开中国民族学会会议，1982 年

高柯（一排左一）、许以僡（一排左二）、詹承绪（二排左二）、萧家成（二排左四）、杜玉亭（二排左五）、李绍明（二排左六）、秋浦（一排左六）、吴从众（二排左八）、蔡家麒（一排左九）、王昭武（一排左十）、陈立贵（一排左十一）、黄惠焜（一排右二）、尹文成（二排左十二）

关于"中国少数民族《画库》"基本情况，参见王昭武旧文：

在以往的民族学、民族史等有关著作中，人们对民族地区的自然面貌、风土人情，在很难用文字确切而生动地表达时，往往配以少量的图画和照片，穿插于文中，以弥补文字叙述的不足。这些插图由于明确具体、清楚易懂，使读者一目了然，印象深刻，确实收到良好的效果。然而，要为我国每个民族都摄制一套全面而系统的形象化资料，特别是彩色照片，绝非易事。这项很有学术价值又具重要意义的工作，过去当然不可能开展起来。

解放以后，随着民族研究工作的迅速开展，获得了丰富的民族学资料，拍摄了不少民族的照片，专门摄制了十几个民族的社会历史科学纪录影片，搜集了许多民族文物，对民族学的研究逐步深入，这就为拍摄编辑一套图文并茂，科学性、知识性和艺术性相结合的《中国少数民族画库》（简称《画库》），准备了必要的条件。

《画库》是一部大型的多卷本丛书，每个民族基本上编辑一册，因而内容广泛，工作量很大。为了取得必要的经验，从1979年起，中国社会科学院民族研究所民族学研究室，便着手组织科研人员撰写拍摄提纲，并由科研人员与摄影人员密切配合，开始对鄂伦春族进行试点拍摄。随后，在总结拍摄鄂伦春族画册的基础上，于1980年底，在北京召开了《画库》工作座谈会，就有关问题交换了意见。大家认为：画册应从民族学研究的角度，运用历史唯物主义的观点方法，体现民族学和民族研究的成果，以彩色图片为主，辅以文字，形象地反映各民族的历史和社会面貌，着重表现他们传统的民族特点，并介绍解放后的飞跃发展。通过《画库》工作，可以建立起一整套有关各民族的形象资料，为科研、教学、民族工作以及有关方面的需要服务。利用画册和图片展览，还可以向全国各族人民普及民族学知识，进行民族团结和爱国主义教育，并与国外进行文化交流。

为此，中国社会科学院民族研究所把《画库》列为重点科研项目，设立了《中国少数民族画库》编辑部，主持日常工作；由秋浦同志担任主编。《画库》编辑部对整个工作做了大致的规划和安排，努力争取各民族地区党政部门的指导和支持，吸收各方面的民族学科研人员和优秀的摄影人员，分别进行拍摄，逐个民族编辑出版发行。

三年来，这项工作已取得初步进展。截至目前为止，已写出三十多个民族的拍摄提纲：《鄂伦春族》画册已经排版付印；基本完成拍摄的有《黎族》《基诺族》《塔吉克族》《毛难族》和《赫哲族》，正在进行编辑；尚在拍摄的有《羌族》《达斡尔族》《回族》《京族》《裕固族》《东乡族》《克尔克孜族》《侗族》和《苗族》等。

《画库》以它所具有的重要意义，得到民族地区各级党政部门的重视。如甘肃省委负责同志亲自担任该省民族画册组的组长，把画册工作列为该省民族研究部门的重点科研项目，组织了班子，提供了必要的条件和经费。宁夏回族自治区党委领导同志多次过问《回族》画册的工作，从人力、物力各方面给了大力支持，现已在自治区内外的回族地区开拍。黑龙江省民委会直接主持拍摄《赫哲族》，更取得了又快又好的成果。其他广西、广东、四川、新疆、内蒙古、青海、贵州、云南等省、自治区的民委会、社会科学院的民族研究机构等有关部门，都积极领导、支持或参加画库的工作。各地的画报社、摄影学会也派出优秀的摄影人员，提供良好的器材，深入民族地区拍片。由于各方面的共同努力、密切协作，推动着画库工作的开展。

坚持科研人员与摄影人员的密切配合，才能保证画册的科学性与艺术性的完整和统一。几年来,他们冒着严寒酷暑,一道深入边远山乡,彼此切磋,把每个民族的拍摄内容,逐项拍成几千张照片,作出了巨大的努力,付出了艰苦的劳动。因画册主要表现各民族解放前的历史和社会生活,而民族地区经过三十多年,原有的面貌已经发生了翻天覆地的巨变,以致很难完全反映其民族特点,这就需要复其原貌后才能拍摄。这是一项难度很大的艰巨工作。他们以科学的态度,负责的精神,对许多已经看不到的服饰、器物、各种活动进行反复调查,力求使拍摄的形象化资料真实可靠。

各族人民对拍摄本民族的画册,早就有强烈的要求,故把拍摄画册视作对少数民族的巨大关怀,他们处处给予支持和帮助。如早已过上幸福生活的赫哲族群众,为着拍摄他们解放前的原始渔猎生活,猎手们在拍摄前训练狗拉雪橇,制造原始猎具出猎;老人翻找出废弃的原始渔具,采剥桦树皮做船;他们穿上新揉制的鱼皮衣服,荡舟于河上叉鱼。在拍摄过程中,各地都有不少动人事例。

出版社对《画库》的第一册《鄂伦春族》的出版,也特别重视,把它列为自己的重点出版物。从图片编排、设计、装帧,到选用优质纸张,都做了反复的研究,力争达到较高的水平出版发行。

由于《画库》这项工作规模大,任务重,涉及面广,加之处于初创阶段,机构制度均不健全,人力不足,又缺乏经验,所以工作中也存在一些问题。目前,中国社会科学院民族研究所正在加强对《画库》工作的领导,逐步充实《画库》编辑部的力量,建立健全的规章制度和科学的管理方法,各方面通力协作,以加快《画库》工作的开展。

——王昭武《〈中国少数民族画库〉的拍摄编辑工作正在开展》,《民族研究动态》1983年第3期,第13—14页。

秋浦从各个地方，比方说"文革"期间从《民族团结》出来的一批摄影师，社会上照相照得好的人，找了大概有几个来搞《画库》。他们呢也主动要求搞这个工作，恢复业务，想通过我们单位把他们招回北京。后来回北京没希望了，没编制嘛，他们也有各自打算，走了，搞完《鄂伦春族》走人。

> 关于鄂伦春族《画库》参与人员，见《鄂伦春族》编后记：
>
> 本书文字执笔：蔡家麒；图片摄影：徐立群、白皓、蔡家麒、秋浦、思勤、赫重运、庄学本、赵培中、尹文成、顾德清；线图绘制：尹文成；地图编制：尹文成；地图绘制：丘富科；美工：许以僖。
>
> 除上述同志外，詹承绪、吴明墀、黄惠焜、王昭武等同志，在本书编辑过程中，也做了很多工作。
>
> ——秋浦主编《鄂伦春族》，文物出版社，1984年，第160页。

什么都做好规划了，但真想把《画库》做起来谈何容易啊。搞《画库》要花钱，搞电影要花钱，我们自己又没有那么多干部，都是借用，但各人都有主业，哪个真能让你借用。你看，拍海南岛照片借来一个人，拍完以后，连同照片、资料全部拿走，人家凭什么给你民族所。我到贵州搞苗族的《画库》，带了几百件胶卷，胶卷我们买得起，请他们照，照完以后我们来编，或者双方一块编，共同合作，结果拿走、照完以后，一张都不给你。净是些无本买卖，你哪管得住？《画库》是一方面，电影我们也继续安排，各地报计划，准备几年内拍几部，委派专家写脚本，经过我们审查，觉得成熟了就拍，不成熟别来。这玩意儿，一动就是钱。凡是所里自己经手拍的片子全都拍成了，凡是靠别人的不行，谁给你拍？民族学院也拍了一个《白裤瑶》，拍他自己的，凭什么算你的。所以啊，我说秋浦有些时候也太天真了，钱是花了，事搞不来。最后只有他自己抓的《鄂伦春族》搞成了，最后他说，靠别人搞不成啊。

前段时间，我给所里交过去好几本大相册，里面都是各个少数民族的照片，就是我们编《中国少数民族》、编《画库》的一些资料。里面有些照片都标明了《民族画报》，加一个编号，指的是我从人家《民族团结》要来的。我大量照片是要来的，一个是当时搞照片花钱，第二个也不顺手。壮族照片都是靠跟人要，或者出钱请他们给我洗一套，然后我加一点说明，编一编，有一部分就留广西了。秋浦搞鄂伦春《画库》，我管几个摄影师，他们替我拍，拍完写好说明交给我，一本一本做好，请领导批，秋浦就动手编辑。

刚开始我根本不会搞照相，慢慢摸索就自己拍，所以像那些僜人照片是技术比较成熟，我也敢拍的时候了。《民族画报》有个姓赵的摄影师，我到广西陪着他去桂林拍山水。他早早起来，我说你干吗呢。他说，我要看云彩，说上午9点前拍最好，下午是4点以后，别的中午时间太阳太厉害就绝不拍，光才柔和。哦，我才明白，原来不像我们之前拍照片，以为光线好了就拍，有一套要求，很严格。我跟他跑过一段时间，才知道怎么取景。再后来，我就自学怎么洗印。我把一整套手艺学会后，也就慢慢自己搞照片，所里面很多照片都是我自己搞的了。

照片要花点钱，一般就是找学术资料室，它有批钱的权力。你看我交过去的几本相册，不是自己出钱，我出不起，都是他们批了以后才买。药水嘛，街上都有，我拍的都是120的普通照片，满大街有卖。所里面对我还是很客气的，批点经费让我买胶卷，原则是不许浪费，不许乱搞。我也不敢嘛，抠抠搜搜的，拍几张报销几张。

我一般也不拿到外边洗，都是在所里暗房洗照片。暗房在三楼，女厕所旁边两间房子。尹文成，比我还早到研究部，后来转到民族所，专门负责画地图。他也管暗房，洗照片就靠他，我跟着学。药水泡好以后要赶紧用掉，不然过期就倒了，所以他只能一批一批搞。我趁着他搞完有药水，就说要看样片老催他。与其天天请你洗两三张，求多少日子才洗，还不如自己学，后来也就学会了。我的技术水平很一般，但是慢慢地也可以在本地冲洗。再以后，暗房找了一个学生来管，还有一个高干子弟，后来他们也不干了。当时所里有搞行政的，有搞业务的，还有一些服务人员，他们在所里站不住，没什么地位，属于勤杂人员，但是他们也有作用的。以后嘛，那些学徒工就不好使唤了，高干子弟你哪使得动他们，能够让我进屋子洗照片就算是有交情了，一般人还不让进去。冲照片的话，我一般就到街上去，保险一些，也不花多少钱。

原先文物电影资料室都是挂靠在社会历史室，1978年组建民族学室，杨堃也来了，一摊子事又归到民族学室，《画库》也由民族学室管，民族学室很大的。李有义、詹承绪、曹成章、李近春、满都尔图、李坚尚，这些人都当过民族学研究室主任。研究室下面还有一些组，有的分得比较清楚，像你们历史室就有北方组、南方组，语言室也是；有的就是几个人专业比较接近的一个组，像理论室下面有经济组，其他人嘛就一般的都搞理论；民族学室呢，像杨堃、满都尔图、罗之基、严汝娴、詹承绪、王承权这些人是原始社会组，詹承绪，云南大学毕业的，王承权是他爱人。

1985年，秋浦退休了，《画库》、文物室结束后，我就回到民族学室南方组。后来主要是北方组、南方组，你看那本书[1]就是我们南方组，萧家成、詹承绪、刘龙初、王承权、张继焦，我们几个都交了文章，另外，像曹成章、罗之基、李近春、严汝娴、胡庆钧也都属于南方组。

---

[1] 指中国社会科学院民族研究所民族学研究室编《南方民族的文化习俗》，云南人民出版社，1991年。——编者注

第六章
日月还复故人来

20世纪80年代，民族所逐步恢复业务，大家又开始写论文，评职称。我最开始是以助教身份到研究部，后来升讲师，转到研究所来，1962年根据我的一些成果定为助理研究员，1988年评副研究员，离休是后来才办下来的了。

关于20世纪80年代民族研究所的一些情况，可参见高文德回忆：

1980年，职称评审工作恢复，我顺利晋升为副研究员。

——邱永君《高文德先生访谈录》，载中国社会科学院民族学与人类学研究所编《中国民族研究年鉴（2013—2014）》，中国社会科学出版社，2018年，第306页。

又，参见照那斯图回忆（节选）：

1982年7月28日至1989年9月30日，我先后担任本所副所长、所长、分党组成员、书记等职务……当时的情况是，虽然业务工作全面恢复，但各项制度有待健全，学科建设也比较滞后。民族所是个老所、大所，学科多、规模大；人际关系多源、复杂；少数民族

> 专家多,历史和"文革"中的遗留问题多,科研任务繁重;生活、工作条件差,各方面的工作难度都很大。面对这些问题和困难,所领导成员(与我较长期合作的成员有杜荣坤、史金波、吕明常、盛存义等同志),为这个研究所共同努力奋斗了七八年。
>
> ——邸永君《照那斯图先生访谈录》,载揣振宇、华祖根主编《中国民族研究年鉴(2006年卷)》,中央民族大学出版社,2007年,第328—329页。

我没写什么文章,刚好遇到些事,有点想法就写一写。你像民族学博物馆、赫哲族展览,还有酗酒问题的文章都是这样。

关于民族学博物馆,秋浦有过计划:

> 建议在北京设立中国民族学博物馆,多民族省区建立地方性民族学博物馆。
>
> ——秋浦《民族学在中国的传播和发展》"附录《关于发展我国民族学的初步设想》"(1984年6月28日),《民族学在中国》,中国经济出版社,1993年,第72页。

20世纪80年代初,当时我回所里了,跟秋浦搞《画库》,也配合他们拍电影,和各个地方联系,自然搜集到一批文物、图片资料,在这个基础上,我们就感觉到有必要建民族学博物馆,我就写了《我国民族学博物馆的设想浅议》《谈民族学博物馆》[1]。到1983、1984年,所

---

[1] 前者发表于《民族研究通讯》1980年第4期,后者收于《民族学研究》第3辑(1982年出版)。——编者注

里拍赫哲族电影,又办展览,办完以后,我就围绕展览写了两篇文章[1],投给《黑龙江民族丛刊》,介绍我们的经验。

1981年,秋浦去东北参加活动,我陪着。我们也做点调查,结果每进一户人家里,全是喝醉的,男的女的,连小孩也醉,没法调查。我们就到供销社,说你干吗卖酒给他们。供销社也无奈,不卖不行啊。一听说今天有酒到,门口立马排满人,把酒买光了当场就喝,喝得醉醺醺。本来喝点酒没什么,但男女老少天天醉,什么都停摆了,那就完了。

> **关于当时鄂温克人的酗酒问题,可参见秋浦旧文(节选):**
>
> 　　在参加了鄂伦春自治旗三十周年的庆祝活动之后,我又来到鄂温克人的活动区进行访问……由于这里的鄂温克人极喜饮酒,饮则必醉,在失去理智之后而出现的非正常死亡,也占有一定的比例。
>
> 　　——秋浦《大兴安岭腹地考察记》(1982年6月24日),《民族学在中国》,中国经济出版社,1993年,第252—253页。
>
> **又,参见秋浦旧文:**
>
> 　　就上述第四、第五两个层次的问题进行具体研究的结果,我们就会发现,不同地区、不同民族即使面临着同样需要发展经济这一点,有的可能是需要改变单一粮食作物发展多种经营的问题,有的是需要采用新的科学技术,更上一层楼的问题,有的在当前还谈不到采用什么新技术,而是普及必要的科学知识的问题。在特别贫困

---

[1] 指1986年《〈赫哲族的渔猎生活〉展览追记——兼论民族学展览》和1987年《论民族文物的专题展览》。——编者注

> 地区，解决温饱问题，甚至解决饮水问题，可能成为当地民族的一件头等大事。而对于个别民族说来，收入尽管不少，却不会生活，酗酒成为阻碍这个民族发展的一个症结所在。
> ——秋浦《如何看民族学面临的迫切课题》（1986年12月9日），《民族学在中国》，中国经济出版社，1993年，第102—103页。

1989年10月，民族学会在北京开会，让我们每个人交文章，我说我写不了那个[1]，就关于酗酒有点思考。他们说，可以，可以。于是，我就交了这篇，反映情况，后来嘛又收到论文集里[2]。

民族学会大概是1980年成立的吧，秋浦当会长，我负责到处去联络开会，提前去布置会场，订酒店，组织活动，安排接待。全国性大会嘛，邀请很多人来，一般选的地方也是风景比较好的，大家可以逛逛。你像桂林的风景区，多好，我们小干部没钱哪里玩得起。所以，当时就听有人说闲话。秋浦就说，别管他，我不挑好地方，谁来啊。像我们到庐山开会，他就说要选择好地方，才能吸引人来。秋浦和我两个人是信得过的关系，再者他喊得动的人也不多，都拖家带口的，我没那么复杂，光杆儿一个，听话，身体也好，上午通知下午就走。到地以后，不管任务完成好与坏，我总得给个回答。地方上就说我，你拿我们电话打长途，一打半小时、一小时。我说，我得讲完嘛，不讲完哪能行嘛。我主要就是做具体工作，买车票，照顾参会的人吃的喝的，一摊子事。因为我老得和地方联系，要有个身份，秋浦就说挂

---

[1] 指会议主题"传统文化与民族繁荣发展"。——编者注
[2] 原题"在酒碗前的沉思"，后改为"对酗酒问题的思考"，收入《民族学研究》第10辑。——编者注

| 第六章 日月还复故人来 | 161

图 6-1 在南宁召开的中国民族学会第三届学术讨论会全体代表合影，1984 年 10 月

个副会长，是这么回事。实际上，到地方见了面，也都是张大哥、李大哥喽，主要是把事办好，没太多复杂关系。我退下来就不参加了。

我记得有一次和卢勋到桂林组织学会活动，在广西师范学院食堂吃饭，看到学生半碗、半碗米饭倒掉，我俩还贴了张告示，要爱惜粮食，不能浪费。学生还很不服气，觉得我们搞干预。我们说，粮食是老百姓辛苦种出来的，你们是师范，公费，怎么能这么浪费。我们以前也都是学生，哪里敢这样。他们说，你们要就拿走吧。你看这说的什么话嘛，我们是出于好意。当时粟冠昌在师范学院当副教授，我联系他，请他帮忙，想找师范学院合作，两边都有好处。结果他打听后告诉我们，他们要钱，还要署名共同举办。我说，那搞不成。我们就干脆另外包一个小旅馆，照样开会，花不了多少钱。以前在所里和卢勋还不敢多谈，一块办事的时候就感觉到，原来你也是一个入情入理的人，后来关系就很好。

"文革"结束后，民委重新编辑出版"五套丛书"，借这个机会，我再去广西调查，改写原来的报告。

关于重新调查、改写报告的情况，可参见相关论述：

《广西壮族社会历史调查》（第四册）是大新、凌乐两县的土司历史资料，是广西少数民族社会历史调查组于1956年至1959年先后调查整理内部铅印的资料。这次付印之前，由王昭武同志修改整理《安平土司》《恩城土司》《下雷土司》《凌乐县壮族社会历史调查》部分，由莫家仁同志修改整理《土官庄田经济调查报告资料》部分，李干芬同志修改整理《太平土司》《万承土司》《全茗·茗盈土司》《改土归流后的养利州》《太平·安平土司调查访问记录》部分，合

第六章 日月还复故人来 | 163

图 6-2 原广西民族调查组部分组员，应邀赴南宁修订调查报告，1983 年
莫俊卿（左四）、范宏贵（左六）、任崇岳（左七）

并编辑成册。最后由莫家仁审定,交付出版。

——《中国少数民族社会历史调查资料丛刊》修订编辑委员会编《广西壮族社会历史调查（四）（修订本）》,民族出版社,2009年,第372页。

又,参见相关论述:

《广西瑶族社会历史调查》第五册,共收入了瑶族社会历史调查13篇。这些资料是广西少数民族社会历史调查组于1958年至1963年深入各地瑶寨调查整理出来的。1963年曾稍加整理,作为内部资料铅印。这次公开出版发行之前,由王昭武、郭在忠、胡起望、曲军锋、黄钰、郑小玲、蓝克宽、黄海东等同志进行了必要的修改和订正。

——《中国少数民族社会历史调查资料丛刊》修订编辑委员会编《广西瑶族社会历史调查（五）（修订本）》,民族出版社,2009年,第330页。

又,参见王昭武旧文（节选）:

针对毛南族史料极端欠缺的情况,我再次返回毛南山区,与昔日的伙伴韦志华密切合作,并获得了当地谭金田等毛南族学者的支持。在新形势的鼓舞下,我们端正了态度,破除了调查禁区,向一切有识之士请教。于是我们带着各种问题,不断深入各寨,听父老乡亲们叙述悠久的往事,听巫师唱起流传已久的神话、史诗,听人们唱起委婉的情歌。我们广泛征集民间的歌谣、故事,各族姓不同版本的族谱,人们家中珍藏的契约、碑文等文献。还有的人不辞劳苦,热心地领着我们翻山越岭,从荒烟蔓草的乱坟堆中翻找出一些记事的墓碑，从模糊的字里行间，寻觅到一些当地历史事件的确证。
……

与此同时，我们借助当地总结历次政治运动的经验教训，删除了不少虚夸和不实之词，如实地撰写了"合作化的曲折道路"，以及批判"文化大革命"的荒唐和祸害等篇章，并且都纳入新编的《下南毛南族乡的社会历史概况》中。后经广西民族研究所编纂出版，我也实现了改正失误的夙愿。

——王昭武《毛南族调查的回忆》，载俸代瑜主编《追忆与传承：广西民族问题研究中心成立五十周年纪念文集》，广西民族出版社，2013年，第124—125页。

又，参见相关论述：

1984年底，经王昭武再次前往环江，在该县干部韦志华、谭金田协助下，重新作了调查核实补充，最后写成调查报告。

——王昭武等《环江县毛南族社会历史调查》，载《中国少数民族社会历史调查资料丛刊》修订编辑委员会编《广西仫佬族毛南族社会历史调查（修订本）》，民族出版社，2009年，第1页。

那时候毛南族还叫毛难族，当地干部群众反应很强烈，说我们有什么困难的，又不困难，干吗叫我们毛难族。而且，叫毛难没依据嘛，怎样解释都行。所以他们希望能找出依据，拜托我给考证考证。历史资料很少，我结合调查的资料，解释说它是母老的变音，这些民族带着崇拜母亲的遗存，周边的壮族改崇拜父亲，父系社会了，把这些与他们不同的就叫母老。汉人记录的时候就更乱了，写成什么的都有，但归根结底是崇拜母亲，是母老。1984年发表的那篇《释"毛难"》是这样来的。

他们的代表来北京后一沟通说,对了,对了。就写报告给中央,表示愿意叫毛南族,不要叫毛难族。1986年,国务院同意后,就改成了毛南族。

> **关于赴环江参加毛南族自治县成立一事,可参见王昭武回忆:**
>
> 1986年11月,我远在北京,意外地接获环江县委发来的邀请,邀我专程参加环江毛南族自治县成立的盛典,使我感受到毛南族群众亲人般的温暖。
>
> ——王昭武《毛南族调查的回忆》,载俸代瑜主编《追忆与传承:广西民族问题研究中心成立五十周年纪念文集》,广西民族出版社,2013年,第125页。

到1987年,环江毛南族自治县成立周年,覃永绵要编一本《毛南族研究文选》,他就根据《释"毛南"》这篇文章找到我,我说好,可以,支持,就又写了《常峒之战》《论毛南人婚姻》给他,一共三篇。《论毛南民族的形成》那篇是这样,不是自治县成立周年嘛,请我去,我跟广西民族研究所的人说,这个不报道你们报道什么,于是他们就出了一个专刊,发了这篇。

去年12月8日,环江县的三位干部不知怎么就来找到我,说是她们在地方上看展览,看到了当时我们北京去调查的这些人,看到了我。她们就代表县委、县政府来慰问我,感谢我撰写了毛南族社会历史调查报告,为毛南族更名做了贡献。我说,那是党派给我们的任务,我只是去完成任务,我没有什么的,你们要感谢的是毛主席,是民族所。我就感觉到,隔了60年,两代人了,人家还记得我们,那份感情是这么的真挚。所以啊,我最近一直在想,我们这一代人留下了什么,我们民族所存在的价值是什么?

图 6-3　环江县委谭亮明等来家商谈环江毛南族自治县成立申报事，1986 年夏
（？）、王从、（？）、王昭武、谭亮明夫人、谭亮明

图 6-4　庆祝环江毛南族自治县成立大会，1986 年

那时候，一周就来一趟所里，办公室关起门来各干各的，下班时打个照面，熟悉一点的还聊会天，不熟悉的直接回家了。严汝娴跟我同班同学，她搞过摩梭人调查，回来后搞少数民族婚姻啊、家庭啊。当时所里面推她当妇联代表，出席院部活动，后来又推到了北京妇联，认识了雷洁琼。雷洁琼鼓励她，把这些东西写出来。她回来就组织我们这些熟人，大家帮帮忙，你写某个民族，他写某个民族。我就写了毛南族和仫佬族，仫佬族是和莫俊卿合作。仫佬族我根本没参加过调查，但仫佬族和毛南族大体相同，我写完后，交给莫俊卿看，我说这是你们的事，我不能抢占你的，我是根据你们的材料写的，所以是两人署名。

> 关于《中国少数民族婚姻家庭》一书缘起，可参见雷洁琼序言：
>
> 一九八二年夏，中国婚姻家庭研究会特邀中国社会科学院民族研究所副研究员严汝娴同志讲述中国少数民族的婚姻家庭问题，她用大量事实材料勾画出一幅人类婚姻家庭发展史的生动画面，引起与会者的广泛兴趣和关注。鉴于我国目前还没有一本系统介绍少数民族婚姻家庭的专著，中国妇女出版社当即约请汝娴同志编写一本这样的书。汝娴同志即负责在全国范围组稿、集众多专家研究成果历时两年而编成。
>
> ——雷洁琼《序》（1984年6月30日），载严汝娴主编《中国少数民族婚姻家庭》，中国妇女出版社，1986年。

说是同班同学，还同一个所，但同学间互相不摸底，她也闹不清楚，我还能不能写东西。后来她说，老王你可以嘛，文字上我就不动你的了。我说，随你的便吧，交给你就是完成你对我的委托了。那个阶段还写了几篇，像《沙黎壮族的婚姻和家庭》《论白裤瑶的婚姻》。当时所里能借阅参考的书，也就马列主义的书，像恩格斯《家庭、私有制和国家的起源》、摩尔根《古代社会》，主要是调查资料，其他的没什么参考文献。

  我自己感觉到写的东西没多少分量，也不敢拿出来请人看，万一不发表，丢人现眼的，一九八几年以后才有胆量发表，以前不敢。因为，我总觉得不就是描述一下经过，或者你调查中的一点感受，一般的看法，没什么特殊的。那时候我在所里面也没什么名气，没有人叫我写稿子，就是自己写自己投。沙黎壮、白裤瑶，还有后来吴金银起义这几篇都是发在《贵州民族研究》，当时编辑赵大富是我同班同学，有的是他找我要的稿子，有的是我自己投。他在云大参加"土改"的时候留在地方做了一年干部，等于晚我们一届毕业，分配到贵州。我们关系一直很好，他很同情我说，王昭武你有些什么东西，拿来我看看，我给你发。就是这样，才发了几篇论文。像1987年在《思想战线》发《秦末岭南地区"和辑百越"政策述论》也是，他们的负责人何耀华是云大文史系的，一直搞民族研究，他就说我，老王你怎么不写东西？意思是说搞研究的人还是得写论文。我说写什么？他说沾点边就写，你拿来就是。我说好好好，就搞了篇和云南有关系的给他。边疆所的马大正原来也在咱们所里，"文革"期间，我们都是逍遥派嘛，有一次他问我，你最近有没有写什么和边疆有关的？我说也没写什么，就是根据在河口调查的情况写过一篇，觉得当时的民族工作，不能一概盲目肯定，也出现了一些极"左"的做法，好像和你们边疆也有点关系。他拿过去看以后，就发表了[1]。

---

1 指《云南省河口县及其山寨地区考察小记》，刊于《中国边疆史地研究导报》1988年第2期。——编者注

之前开会，我刚好和一个县长同住，他说我是某某县来的，我说原来在游击队的时候去过，就聊了起来。后来他分配到蒙自区当个副州长吧，就希望我能去一趟。有一次是9、10月份到蒙自开会，会开完了，我就想不能随便来一趟，也搞搞调查吧，看有没有什么问题需要了解。他们就带我去河口转转。当时中越两边关系还没恢复，还有些摩擦。我们刚开始就是去看看，地方领导领我们了解情况，谈一谈，农场怎么成立的，种植多少橡胶，有多少职工，怎样发展，谈这些。后来，我一了解，谈的都是表面文章，不对嘛。我就决定沉下去，调查了一个星期左右。河口不是有农场嘛，搞"大跃进"、人民公社的时候，它把山寨里的少数民族也合并进来，土地、山林也占了，用行政命令把人家迁到河谷地带种橡胶，于是当地政府和农场，农场和少数民族群众之间都产生了一系列矛盾。我就把这个问题搞透了，说明情况，给他们县里交了一份，说是对他们提出意见。我很愤怒，我说干吗呀，人家好端端的住在山里，祖宗坟墓都在那里，你们以各种强迫的手段迁下山来种橡胶，这算什么事嘛！其实，人家底下政府也不满意，才可能给我介绍一些情况，我们互相间通气。我对人家能有什么意见？不相干的嘛。但就感觉到，群众的反应很大，我们做民族研究的自然有必要去调查。

写成文章后，云南肯定是发不了了，贵州民族研究所还觉得不错，值得重视，就说是"在民族工作中必须坚持实事求是的原则"[1]。结束河口调查后，我转过来去了文山，搞点彝族、壮族的调查，后来嘛，就写了那篇邱北壮族的老人厅[2]。

---

[1] 指《在民族工作中必须坚持实事求是的原则——对河口县边寨问题的反思》，刊于《贵州民族研究》1989年第1期。——编者注

[2] 指《论邱北壮族的"老人厅"》，刊于《云南社会科学》1990年第5期。——编者注

调查组工作结束的时候，新疆带回来一批文物，有不少钱币，五花八门的，我得整理呀。我根本没搞过新疆研究嘛，哪里懂是怎样的历史社会情况。我就想，按钱币的时间顺序，比如清朝的喽，民国的喽，各种地方政府的喽，毛泽民他们银行印的喽，这样排下来。写完了我也没底啊，毕竟没搞过，我就交给杜荣坤说，你们是搞新疆研究的，请你们看看。他说，可以，可以。然后就在所里发表了[1]。

20世纪80年代末吧，台湾《历史》杂志的记者专门找到所里来，联系我们写文章，就找到了我。我就把亲手搞过调查的一些资料写了几篇文章给他们，像《僜人的原始生活》《云南白族的年俗》《侗族的生活与文化》《白裤瑶的原始风情》。印象中稿费特别高，全是给美元，一篇能有一二百美元，很值钱。到后来，颜其香编了一套《中国少数民族风土漫记》，我写了篇仫佬族的文章[2]给她。颜其香是四川人，她爱人周植志是福建人，他们同班同学，都是搞佤语的，比较活跃。颜其香是很通情达理的人，死了以后，遗体捐献，我们很感慨。

在广西调查组的时候，我们在龙胜搜集到不少资料，其中就有一本《杨刚书》，抄本，很宝贵，我就根据它写了篇文章[3]。后来，广西民族大学建博物馆，我就把这本东西连同其他原来保存的资料都给了，我说是"物归原主"。本来嘛，就是广西调查组收来的，留在我手里也没用。

---

1 指《近代新疆货币述略》，刊于《民族研究》1992年第3期。——编者注
2 指《大石山区的仫佬人》。——编者注
3 指《清代侗族吴金银起义的历史新证》，刊于《贵州民族研究》1990年第1期。——编者注

关于《万承诉状》等资料的来历、去向，可参见王昭武旧文：

在"文革"的激烈动荡中，我从北京到河南"五七"干校，至1972年与民族研究所人员返京，试图恢复业务工作。一天回所时，偶见门口墙边堆放着大批刚清理出来的破书烂纸，有的发散着霉臭，行将作为垃圾处理。一旁的图书资料室负责人老魏说："你们看看，不知是些什么东西，有用的可以拣走。"

我在翻看时，猛然发现一些似曾相识的手抄本，虽已破烂不堪，却是早年广西调查组员搜集来的珍品。我忙抢回清点，有二十多件，原是樊登、粟冠昌等人费尽心机，从大新县万承乡和龙胜县龙脊乡民间一本一本收集来的。我粗加收拾，张贴成册，反复寻思、推想，它是怎么流落至此的？

大约是在1958年夏天，樊登应召，代表广西调查组赴京汇报工作，按例选送一些重要资料上交。因缺乏经验，选出的这批壮族抄本原件未经整理研究和加注说明，致接管的人大民委会工作人员难以辨识其价值，便与其他各省区交来的各种资料混放。

当年秋后，民族研究所正式成立，后接管存放在人大民委会办公室的各种资料，因无明细说明难以辨别，便长期束之高阁无人问津。待"文革"突然爆发，到处一片混乱，旋于1969年底，全所人员物资图书奉令疏散，致人去楼空。后几经搬迁折腾，待陆续运回时，有的已面目全非。

而今，我将这批失而复得的壮族抄本交回，使之各得其所，终于了却夙愿。

——王昭武《有关"物归原主"的记忆》，载俸代瑜主编《追忆与传承：广西民族问题研究中心成立五十周年纪念文集》，广西民族出版社，2013年，第10—11页。

> **又，参见韦顺莉记述：**
>
> 2001年春，王昭武教授与广西民族大学范宏贵教授通电话，谈及他过去在广西调查时，曾经收集到一本集子，想交给广西。当时，广西民族大学正在重建本校的民族学博物馆，范教授建议他把该书交给该馆收藏。王教授慨然应允，并将该书亲自送到。王教授保管此书已经多年，肯献出此书，他说是"物归原主"，是广西的书就应该还给广西。
>
> ——韦顺莉整理《万承诉状》，广西人民出版社，2008年，第226—227页。

再后来，我最重要的事就是整理、出版庄学本先生的照片了。

1975年冬天，所里面有人给我打招呼说，民族学院有一批照片，叫我去看。我跑去一看，是庄学本的照片，有一些样片，他准备把这套东西交给民族学院，他只认得民族学院，还不认得民族研究所。当时民族学院造反派当家，不懂这些东西的价值，说你交来就是了嘛。但其实，庄学本是想换点钱。因为他"文革"前被民族出版社党委打成"历史反革命"分子，开除公职，赶回上海原籍，自谋生路。他不服，他说我怎么"反革命"了，我有拍的东西为证，就把他的底片交给党委说，请你们看看，我有哪一张是反动的。但"文革"开始了，谁管你啊，照样是历史反革命，东西呢就全堆到仓库里。他的事情就没解决，生活无着落，又生病，日子非常苦。他着急，他说30年代拍的照片，本来就不好保存，放仓库10年没人管，很容易发霉变质，他感觉到毁了很可惜。

我知道以后，赶快把情况跟李有义汇报，他当时是民族学室主任。李有义说，庄学本这个人我知道，你赶快联系，我要见他。我打听到庄学本已从上海来到北京，正在民委告状，希望为他平反。我陪着李有义去庄学本家里，哎哟，半身不遂了。我们就问他，底片在哪里。他说全部在民族出版社仓库里面，被扣着不还他，但这些东西都是他的，请我们能不能帮他要回来，要回来他就交给我们。我们也犯难，不可能的嘛，没法为一个历史反革命去要东西。我们就换了个说法，说这些东西具有研究价值，我们要作为资料来使用，你呢就说已经把它贡献出来给国家做研究，我们呢就接受，以这个理由的话，我们就说东西属于民族研究所，可以去要。先拿回来再说嘛。

结果就派人反复找民委谈，民委没人管，都在"文化大革命"，谁管。找民族出版社，根本没法谈。但是，我们还比较硬气，说我们看到一些样片，都是解放前川西、川北、青海、甘肃一带藏族、羌族、土族的资料，我们研究要使用，给民委打报告，找人去说。造反派一听，既然你们要研究，也不能不给，拿去吧。大概拿回来4000张左右，当时王晓义也去了，主要是他来清点，我就是跑腿的。王晓义这人非常细心，学问也做得好，他一张张清点。拿回来以后，我们跟庄学本约定，我们说这是用民族所的名义去给你要的，也是担着风险，就以你的名义，说好听点叫捐献，交给研究所。我们就以奖励捐献者的名义，给他3000块钱。那时候3000块钱很多了，你想，我每个月才拿69块钱。

庄学本办事很有章法，每张底片都放在一个信封里，标明时间、地点、哪个民族，但更多的信息就没有了。我们拿回来后，只能大体分辨出一些内容，你说这么多底片，没有说明，一笔糊涂账，你敢用嘛？于是就找他说，我们需要整理照片，请他再把说明写清楚一点。他瘫痪了嘛，看一会儿就坚持不住了，讲话也不清楚。他家住南池子一个小胡同里面，我们一天过去也就只能搞三五张照片，搞不下来，但就凭着这三五张照片，顺带一串几十张照片我们就能解决问题。坚持搞了半年，搞了个大概，不很清楚。后来，庄学本也坚持不住了，不久回到上海，隔一年死了。结果这些照片就压在我那儿，压了多少年。那时候我没时间搞，都要忙着评职称，我必须要解决我的问题，要把时间完全耗在这上面，我还能干什么。况且，我也实在没有把握真能拿得下来。所以，到我退下来后，我和室里说，我还有一项工作没完成，以后有时间要搞出来。结果呢，搞了几年也搞不下来，真是不容易。

但当时我摸索到一个情况，庄先生是很公正的人，他拍完照片要写记录，有个日记，内容详细，比如某月某日，在什么地方，拍了什么。这份资料庄先生不给我，因为他还想把底片拿回去，他说3000块钱太便宜了，觉得太亏了。我们说，不可能的嘛，这东西已经买断了，哪能说现在后悔了来要回去。我们承认是你拍的，发表署你的名字，但所有权是研究所的。当然，日记资料我也要不来。我记得，我用过两次他的照片，稿费一来我立马给他送去，所以庄先生还觉得，你王昭武还算不错。当时好多人想来弄庄学本这些照片，来找我。我说这个事情，一来，它是民族所的东西，不属于我个人；二来，我手头没任何说明，也用不成。

有一天，他儿子庄文骏来找我，知道底片在我们这儿，说咱们两个合作。我说，我们两边都拿出东西，你不拿的话怎么谈合作，庄文骏就把他父亲的手稿找了出来。我们两个就根据这些东西来对。但我们毕竟是外行，于是，庄文骏去民族画报社找来庄学本的大徒弟马肃辉，是个摄影家，他很同情庄学本，而且也有水平，内行。他一看，哪些照片该放哪儿，跟哪些串联起来，还有说明能对上，就这样，一整套资料，有图片、有文字就整理出来了。后来，社会上就知道了，有个叫李媚的摄影家，就联系庄文骏，当时《中国摄影》还做了庄学本专题，还有我们一篇文章[1]。然后，他们就找到了四川民族出版社，就编了《尘封的历史瞬间》，后来又出了《羌戎考察记》，补充了一些资料。当时把我名字加到编者里，我说我算老几，照片所有权是民族所的，你必须得写，不然我交代不清楚。我最怕这个，事情没搞好，把自己名声搞臭了。就在"编者的话"里注明所使用的照片是庄学本先生捐献给民族研究所的底片洗印出来的，当然，我们还用了其他地方的照片。

> 《尘封的历史瞬间》《羌戎考察记》资料说明基本一致：
>
> 本书的付梓是中国社会科学院民族学与人类学研究所、民族画报社和庄学本的子嗣庄文骏先生竭诚通力合作的结果，正是由于他们对民族文化的钟情与爱护，从庄学本捐赠给民族学与人类学研究所的大量底片，以及存于民族画报社和亲属的底片中，加以精选注释，又搜寻到他的有关著作、文稿、日记等，使得本书日臻充实，在四川民族出版社的重视与精心运作下，本书顺利出版。
>
> ——马䌽辉、王昭武、庄文骏主编《尘封的历史瞬间：摄影大师庄学本20世纪30年代的西部人文探访》，四川民族出版社，2005年，第11页。

这两本书出来以后，中华书局就来找所里谈，因为底片的所有权属于民族所嘛，就想合作来出《庄学本全集》，但是当时所里领导有

---

[1] 指张江华、王昭武《庄学本早期民族摄影作品的人类学价值》，刊发于《中国摄影》2002年第2期"庄学本：一位被淡忘的摄影大师"专栏。——编者注

他自己的想法，这事就谈崩了。中华书局那可不是一般的出版社，是花了本钱想做这件事，庄学本现在的地位又是中国摄影界的一把手，内容相当丰富，哎，可惜了。后来，人家书也出来了[1]，出于尊重，还给我挂了一个编委，但就没你民族所什么事了。我和他们的合作就算结束了，我手头所有的照片、资料都交到了所里。

> **后续又出版了几部庄学本作品集：**
> 　　庄学本《庄学本相册》，上海文化出版社，2012年；上海市文化广播影视管理局、上海市文物局编《庄学本藏地摄影作品选》，同济大学出版社，2014年；马晓峰、庄钧主编《西行影纪》，四川美术出版社，2021年。

我见过你，上回在乌云办公室。你告诉我，他们又出了几本庄学本的书。

---

1 指庄学本著·摄，李媚、王璜生、庄文骏主编《庄学本全集》，中华书局，2009年。——编者注

附录 I

赵玉英女士访谈

赵玉英，1946年生，北京人，永定门东街小学教师，1979年与王昭武结婚，育有一女一子。本次访谈主要是从家属的角度，呈现他们眼中的民族研究工作者。访谈内容相当丰富，但囿于主题和其他原因，做了大量压缩。谨以此向在科研工作者背后默默付出的家属们致敬。

我是1946年1月1日出生在北京通县离永乐店很近的一个村庄。我爷爷在潞河中学读完高中后，回到村里教书；我父亲读的私塾，后来到北京是当店员。我姥姥在北京买了房子，有一个小四合院，她给我父亲在前门西河沿开了一个小店。两岁时，我父母带着我和弟弟一家四口就来到了北京城里，住在兵马司后街。

当时家里还比较富裕，我母亲让我读的羊肉胡同小学，在宣武区果子巷里边，是私立的，学费一学期9块钱（公立的是2块5）。后来我们搬家到鲜鱼口里边，就转到了精忠庙街第二小学，主任是溥仪最小的妹妹金志坚。初中是在菜市口原来的春明女中，后来改成了北京女五中，在那里遇到了我人生挚友余荔裳，她哥哥是余瀛鳌。受余荔裳影响，我高中读的是政法附中，在政法学院里面。1965年高中毕业后，分配至崇文区当小学老师。

余荔裳的邻居跟老王同志是老乡，而且母亲都是认识的，通过她介绍认识的。1979年5月11号跟他见的面，7月11号领证，12号就旅游结婚去了。经历过那特殊的13年，我对很多问题有自己的坚持。我觉得选择老王同志是对的，他使得我后半生过得特别有尊严。

我们刚结婚时没房子，就住在所里，他原来那间收集很多东西的屋子，住了差不多有一年。当时所里有班车去院部，6点多就进城，我就搭这班车，在某个点停下，再去永定门的学校上班，要穿过整个北京城。我是结婚第二年有了女儿。他呢，当时是给秋浦跑腿，做《画库》，出差挺多的。像那年大冬天，上东北鄂伦春地区，都要借皮裤啊什么的。

后来，我们搬到东大桥，就是秀水街。孩子1岁多、2岁就开始日托，早晨送，晚上接，那时候是姥姥帮忙。大年三十日托只能送半天，我也得给他送过去。3岁的时候能整托了，一个礼拜接一次，那是他接送。要不人家老师还开玩笑说我是孩子后妈，老王同志出差，前脚刚走，后脚孩子发烧，我得自个儿抱着去医院，当场就把药喂了，我急着上班啊，又给送托儿所去了。那时候，我也满腹牢骚，挺羡慕人家的。我弟弟妹妹就说我，你要找个工厂的工人多好，工资、福利什么都有，人家还能接送孩子。

当时就一间屋子，我把孩子都带出去，不影响他在房间里做研究。他看不完的书，我爸爸特别有意见，他认为俩孩子教育等于都是我一个人来撑，背后说他，又不是要去赶考。他事没完，老紧绷。在家的时候，社科院的这些人绝不串门，别看都是一个所里的，家家不来往，没那时间。有个什么事儿，门口说两句，我觉得这样挺好，不要浪费人的时间。

因为一些事，我们家80年代就是"月光族"，特别尴尬，他出差了，我们没钱了，我又从朝阳到宣武我爸爸妈妈这边拿钱来。跟他过的日子，有时候真的挺苦的。尤其是他1992年就退休了，退休金400元。我们旁边就是秀水街，他去给人看摊，要的钱也不多，就是补回来被扣的那一年的工资，整整干了4年。

老王同志跟我聊他的那些研究啊，调研啊，我还挺感兴趣的，女儿、儿子也感兴趣，耳濡目染，他的那些书他们也都拿起来看。

　　就像奶奶说的，不是恨铁不成钢，而是怎么把孩子炼成钢。我就说他，跟小土高炉似的，鼓捣起来了，然后让我们来炼，把我们每个人都炼成钢了。

附录 Ⅱ 《毛难（南）族〈画库〉拍摄提纲》

《毛难族〈画库〉拍摄提纲（修改稿）》系广西民族研究所参与秋浦主持"中国少数民族《画库》"时编写的工作文件，计16页、275款。后因各种原因，该计划未能最终完成。谨将《拍摄提纲》附录于此，以纪念、致敬秋浦与他们的未竟事业。另，毛难族于1986年方更名毛南族，故录文仍保留旧貌。

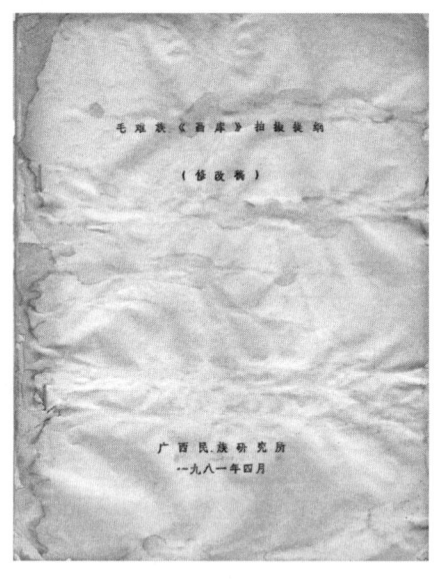

毛难族《画库》拍摄提纲（修改稿）

民族形象

（1）穿戴毛难族服饰、神采壮健的中年男子。

（2）身着民族服饰、头戴花竹帽的毛难族年轻女子，含笑自然。

地图

（3）彩绘行政区域图。标明毛难族分布范围、交通要道、主要村镇。

（4）彩绘地形图。坐标、经纬度、地形、主要山脉、河流走向、山圹水库分布。

一、自然概况

山脉

（5）毛难人采樵停处，身后是巍峨的群山，一丛丛、一簇簇，连绵不绝。

（6）岜音山高耸入云，周山倾伏。

（7）岜音山一侧，涧水凌空倾泻。

（8）圣母山全景，圣母石近景、圣母石上桃树结果特写。

（9）玉环大队毛难人挑短担蹬越险要的"楼梯坳"。

（10）下南大队石壮山上莫六太子山跑道。

（11）中南大队上丈村的大石板晒谷场。

岩洞、溪河流

（12）玉环大队下开深岩毛难人手扶竹梯，身背竹筒，点火把下岩洞背水。

（13）大石山地的毛难人接石缝中滴下的水。

（14）下南大队松燕屯大溶洞石钟乳绚丽多彩，洞下流水潺潺。

（15）中南大队上丈屯的小溪流。

（16）才门、下塘毛难人到打狗河背水。

羴场

（17）景阳大队羴场，石山环抱，巨石嶙峋。

（18）石山地中毛难人攀登劳作。

田峒

（19）下南、波川小平坝，稻田缭绕，禾苗葱绿，毛难人居间耘田。

植物

（20）行人过处，枫林婆娑，枝叶斑红。（下南大队上纳屯）

（21）下南大队缩帮村头的古榕树，毛难儿童在树下做游戏。

（22）仪凤大队茅山顶上挺拔的高山松。

（23）下纳村头，椿树高耸，结子悬吊，毛难人正在拉锯开木板。

（24）毛难人在深山老林砍伐牛尾树。

（25）才门大队毛难人采剥棕树皮。

（26）婷婷立在村边的黑竹。

（27）盛开红白花的桐树，熟果。毛难人往桐枝上挂葫芦。

（28）毛难民间草医采集治疗风湿病的药材"高山枫"。

（29）毛难人砍切著名草药"白龙藤"。

（30）毛难老草医向青年人讲解"大同龙脉"草药的功能。

（31）在山地石缝中长出的莎树、青麻、芭芒等。

（32）屋前屋后梯地，片片盛开红花的芭蕉芋。

（33）毛难女子挥锄采掘芭蕉芋。

（34）旱地玉米，开花结棒。

（35）半山腰石头地里小米黄熟，小米穗一把把置于石头上，毛难人在捆扎。

（36）黄豆、红薯、南瓜、芝麻、香瓜长势。

动物

（37）偷摘玉米的猴子。

（38）木伦大队罗圩生产队境内成群的野猪在活动。

（39）刺猬。

（40）毛难族猎手捕获的麝和采集的麝香。

（41）毛难族地区特有的剧毒动物"吾妖"。

（42）牛舍中膘肥体圆的菜牛。

（43）岽场中正在放牧的黄牛群。

（44）采集到的贵重药材：牛黄。

（45）供销社收购站收购的各种兽皮。

二、历史沿革

文献记载

图书室架上的古籍文献，记载毛难族先民活动的字里行间，用红线标出。

（46）毛难族地区历代行政隶属简表（绘制）。

（47）宋、明两代毛难族先民活动范围简图。

（48）《宋史·蛮夷传》中"抚水州蛮"的生产活动及反抗宋王朝斗争的记载。

（49）周去非《岭外代答》关于"茚滩蛮"的记载。

（50）《古今图书集成》职方典"庆远府部"关于"抚水州蛮"反抗斗争的记载。

（51）《续资治通鉴》卷四七宋王朝镇压思恩县区希范、蒙赶起义的记载。

（52）《明史·广西土司》关于设立南丹卫所及姜旺、童胜屠杀镇宁州人民斗争的记载。

（53）清朝嘉庆《广西通志》关于思恩县仪凤、茚滩（茅滩）上下峒毛难族生产生活情况的记载。

（54）《思恩县志》和《思恩年鉴》中有关毛难族历史的记载。"隆款"的记载，民国年间，毛难族人民大多数以相居较近的一个村或一个峒（即今屯）组织"隆款"。

（55）年青毛难人吹起牛角号，全村人手执木棒、粉枪，把守坳口，不让偷东西的人跑走。

（56）全村长老相聚在一起，先吃一顿，然后才协商"村约"。

文物古迹

（57）堂八凤腾山墓群中的谭三孝墓碑，"毛难"名称的出现。

（58）波川小学前毛难族谭氏族谱碑记、仪凤碑记。

（59）清朝道光年间波川村《协众约款严禁正俗护持风水碑》。

（60）上南大队凤凰山的城墙旧址。

（61）玉环乡大力士卢道一肩扛的巨石。（玉环大队木槽坳）

（62）大罗屯悬崖绝壁上的防御石墙。

（63）民国时代大地主兼"团总"的房舍旧址。（玉环内卢屯卢九皋老屋）

（64）肯刷坳毛难族自卫队防御日寇旧址。

（65）解放前毛难六圩旧址。

（66）痛歼国民党"保十团"旧地。（上南大队常峒山坳）

（67）红七军北上路经下南大队岜音山旧址。

三、生产活动

农业

（68）农用工具踏犁、牛犁、木耙（铁指耙）、砍刀（柴刀）、锄头、刮子、禾剪、方形谷桶、猎枪、三角形小钩锄、三角小指耙。

（69）《岭外代答》中关于"踏犁"的记载。

（70）"踏犁"的构造和作用（绘图）。

（71）毛难族男子使用"踏犁"翻地。

（72）男子使用刮子开穴。

（73）女子放肥点种。

（74）木伦双楞等地半山中，男子"砍山""烧山"。

（75）女子撒小米、高粱种。

（76）早、晚云雾朦胧，紧荷猎枪的男子伏击野兽。

（77）被打死的野猪。

（78）挑玉米、小米、高粱沿山路回家。

（79）农家屋梁上悬挂的串串玉米、高粱、小米穗儿，地上的南瓜、红薯堆。

（80）平坝上妇女们手持禾剪收获稻穗和捆扎好的穗把。

（81）男子围着谷桶轮番打谷。

（82）解放前波川乡的土地及生产资料占有情况表。

（83）佃户交租后家中存粮无几。

（84）地主家的长工。

（85）中南大队毛难人旧社会受压迫躲进岩洞的旧迹。

畜牧业

（86）《思恩县志》关于毛难族饲养菜牛的记载。

（87）牛舍的设置及构造。

（88）从山上采集的莎树叶、竹叶草、青麻叶等青饲料。

（89）煮好的牛稍喂。

（90）点灯、半夜加喂。

（91）给牛烧烟驱蚊。

（92）给牛梳牛蚤。

（93）给牛治病。

（94）畜肥的菜牛正待出栏。

（95）老妇人正饲喂着母猪及猪仔。

（96）即将上市的猪仔。

手工业

（97）上丈村的铁匠铺。

（98）父子或兄弟开灶打铁。

（99）打制的踏犁、锄头、猎枪。

（100）摆卖铁具。

（101）毛难族家中使用的木制织布机。

（102）毛难族妇女正在操机织布、纺纱。

（103）染织好的毛难土布。

（104）精巧美观的花竹帽。

（105）织工在精心破篾。

（106）编织和润色。

（107）花竹帽下面精细大方的几何图案。

（108）毛难族的老石匠覃赞庭。

（109）仪凤下龙的陶器——缸、钵、罈、罐等。

（110）山间采石场，能工巧匠正在采石凿料。

（111）种类繁多的刻石工具。

（112）刻好的石柱、石桌、石凳、石槽、石水缸等各种工具。

（113）花纹料石建筑的石拱桥。

（114）石匠给地主、有钱人雕刻墓碑。

交换活动

（115）《宋史》记载，嘉祐六年"抚水蛮通贡互市"。

（116）《思恩县志》和《思恩年鉴》有关毛难族地区圩场贸易的记载。

（117）下南六圩的市场景况。

（118）赶圩的毛难族妇女。

（119）"坐商"及"摊贩"。

（120）赶圩人在选购纱布、杂货、食盐等。

（121）农副产品市场：菜牛肉、猪肉、猪仔、牛皮、大米、玉米、黄豆、桐果、花竹帽、土硝等。

（122）肩挑商贩往来于怀远途中。

（123）毛难人与白裤瑶手势比画进行交易情景。

(124) 客栈。

(125) 毛难地区市场分布图。

(126) 下南六圩商户及营业图表。

四、物质生活

饮食

(127) 屋内妇女正在以足碓石磨或手碓，加工粮食。

(128) 铁锅盛装的玉米稀饭、小米饭、南瓜粥。

(129) 毛难饭——把米煮成后，放下青菜、豆叶、南瓜叶、毛秀柑、辣椒，拌煮熟即成，不用菜送了。

(130) 在火堆上生烤玉米棒。

(131) 屋顶上或晒台上生晒红薯，制"甜红薯"，火煨红薯。

(132) 收藏于地窖和火堂的楼板上。

(133) 全家人在吃蒸制的"甜红薯"。

(134) 节日中蒸制的五六色糯米饭。

(135) 宰杀菜牛情景。

(136) 肥瘦相间的肉块。

(137) 在火堂中"打边炉"的情景。

(138) 以牛肉摆宴款待宾客。

(139) 烤制菜牛肉干。

(140) 酸鳢。

(141) 腌制好的酸肉。

(142) 腌制好的酸螺蛳汤。

(143) 生吃"牛红""鸭红""羊红"。

（144）毛难人特制的"豆腐圆"。

服饰

（145）妇女：青色或蓝色绲边右开襟上衣，绲边长裤，青布头巾，尖头绣花鞋。

（146）妇女饰物：银发簪、银梳、银牌、银带、银镯、花竹帽。

（147）梳髻、包头巾的已婚女子。

（148）打长辫子的未婚少女。

（149）男子：穿有领对襟上衣，头缠黑色布带。

居住

（150）傍山的村落，聚族而居。

（151）两层楼房，一楼全用石头建起，楼上住人，楼下关畜。

（152）屋内挂满带色的玉米、小米。

（153）房内摆布结构（彩绘）。

（154）屋内陈设的石凳、石桌、石缸、石盆、石槽、石磨、石臼等家具。

（155）屋前晒置物品的晒台。

（156）帮工互助盖新房情形。

交通

（157）从下南通往上南的山间羊肠小道。

（158）平坝上人行道路。

（159）肩挑步行。

五、精神文化

婚姻状况

（160）"落典"：通过媒人介绍给男、女，约定地方相见认识，男女双方都有陪人，相看后如果同意，就给点钱，叫"落典"。（媒人平伸两手，一手向男，一手向女，男女各手上放钱）

（161）订婚彩礼：箩筐中放的牛肉、猪腿、阉鸡、软糕、糯米、酒、槟榔、茶、盐、钱，均用红纸包成锥形。

（162）新娘房间布置：房内铺两张床，蚊帐蓝色的为男床、蚊帐白色的为女床。传说是盘古兄弟结婚时传下来至今。

（163）背着年幼的新娘去新郎家。

（164）男方请道师作"保福"仪式，点香在新郎和新娘头上画符。

（165）新娘踢开门前所设竹桥或纸屋，脱掉右鞋。

（166）女家陪人歌手唱"折被歌"场面。

（167）男家陪人歌手唱"开被歌"场面。

（168）"匠比"给主家唱"敬神歌"场面。

（169）把新郎新娘关在新房内，让他们吃染红的鸡腿。

（170）摆酒筵款待来客。舅舅受到特别尊重，坐在正堂上。

（171）众客人与"匠比"（名歌手）唱"欢"。

（172）为"匠比"设的丰盛宴席。

（173）奖给"匠比"的钱包，叫"吊看"，用红纸包悬挂中堂，猜中的领奖。

（174）奖励给"匠比"的大猪头。

（175）第二天新娘返回娘家。

（176）农忙时新娘到男家劳动，回来时，背着长带子的花竹帽遮过臀部。

再嫁

（177）再嫁妇深更半夜去男家。

（178）再嫁妇进男家，在门口从铺着白布的地方走过。

（179）再嫁妇从侧门或架梯从窗口进屋（男家大婆生在情形）。

（180）再嫁妇送给大婆的被子、青布等"压命物"。

（181）如果男家大婆去世，再嫁妇用毛皮蒙头、芭扇遮脸进屋。

（182）"兄终弟及"，弟弟和寡嫂重新组成家庭。

入赘

（183）女家虐待上门郎场面。

（184）如女方前夫已死，上门郎倒背"背蓬"爬进女家情形。

生育

（185）妻子将分娩，请鬼师做的法事。

（186）"换好命"，即将咬死的公鸡丢在产妇房内，预测生男生女。

（187）小孩满月，亲友来开"汤饼会"。

"架红桥"

（188）在竹林里选好两棵竹子，用红布捆扎记号。

（189）主人烧香祭拜竹林。

（190）砍回竹子，编成一座竹桥。

（191）道师对公鸡念符。

（192）主人弯腰背着公鸡进卧室。

（193）主人在房内将公鸡杀掉祭纸花。

"细"

（194）女方丈夫带村中长老来野夫家论理。

（195）野夫请道公给全村念符赔罪。

（196）道公抱一只大鹅周游全村驱邪。

（197）给全村每户贴三张安龙谢土符。

丧葬习俗

（198）父母去世，孝男脸抹黑锅灰，穿草鞋，拿点燃的香一路撒纸钱去舅家报丧。

（199）孝男拿禾穗、香柱和纸钱去河边或井边买水"洗身"。

（200）孝男拿牛腿到舅家报知何时举葬。

（201）给死者口中放置铜钱。

（202）给死者手中放钞票和饭。

（203）孝男手捧灵牌，跪在村外迎接舅父到来。

（204）给死者做"道场"情景。道师念符，面前放一大簸箕用面粉捏成的各种动物模型。

（205）小孩抢动物模型。

（206）出殡，孝男右手拿刀，左手拿幡，头戴死者常用的雨帽，走在前头。

（207）鬼师砍掉雄鸡将血淋入墓穴四周。

（208）给死者"分田"，即第一年的七月十四日在田边插青竹，名曰给父母"分田"。

浮葬

（209）棺材放在野外地面上，用茅草或瓦片盖起来，待来年吉利时辰再葬。

宗教活动

（210）敬祖先：堂屋里的祖先、灶王、财神神位。

（211）敬外神：雷王、蒙官、莫六官的画像。

（212）鬼师、道士、巫师的服饰、道具和经书。

（213）杀牲（有七十二牲、三十六牲、十六牲）请鬼师搞"还愿"活动场面。叫仲定"还愿"。

（214）道师拜佛咬花情景。

（215）村前供奉"李大将军"偶像。

（216）旧社会毛难人在松燕山洞求雨时残存的器物。

（217）因跌魂于水的人从水井引红线至屋进行"招魂"。

（218）年初一早晨，老人在房屋周围撒灰一圈，表示一年邪恶进不了门。

节日

（219）清明节天未亮时，在波川村边"墓林坡"上赶祖先圩的情景。（叫阴间市场）

（220）五月分龙节，鬼师穿法衣戴面具，背腰鼓做分龙仪式。

（221）"椎牛"，白水牛上挂满金纸和银纸，围满男女老少观众。

（222）壮年男子举木槌"椎牛"。

（223）祭祖先和"三界爷"。

（224）堂上放着用五颜六色糯米饭喝竹枝做成的果树以预祝丰收。

（225）用禾苗置于桌上供祭预祝丰收。

（226）拿糯米饭喂耕牛。

（227）拿五色糯饭到田间祭禾神。

（228）毛难妇女用绣花背带背女儿回娘家过分龙节。

（229）全家及亲友团圆吃"庙节"情形。

（230）"庙节"当天，男女青年穿着节日服装到野外或岩洞中对唱山歌。男青年送花竹帽给情人。

（231）秋收后或节日时，男女青年在村头村尾唱"比"，即山歌。

（232）大年初一，家家户户用青竹在火上烤，然后用锤打响，叫

"烧竹炮"，一家欢乐。

（233）老歌手唱《三孝公》传说的"排见"。

（234）老人给小孩讲毛难神话故事《螺蛳姑娘》。

（235）老奶奶背孙子唱的《催眠谣》和《儿歌》一耍。

（236）师公跳的腰鼓舞。

（237）古墓以及墓碑上的龙凤麒麟等雕刻艺术。

（238）各种神像的木面具。

（239）屋檐、梁柱上的木刻图案，大门石刻图案。

（240）精致的小孩背带面。

（241）手抄的民歌本。

教育

（242）岩洞学校，大罗屯洞壁题词。

（243）小学生打火把上学。

（244）用竹筒盛稀饭上学的学生。

（245）伪县长×××题"三南文风颇盛"。反映解放前毛难族地区读书风气好。

六、解放后的新面貌

（246）下南公社驻地新貌。

（247）新盖的公社大楼。

（248）民族医院。

（249）下南中学。

（250）食品收购站。

（251）中南供销分社。波川、玉环、下塘代销店。

（252）南川水库和盘山渠道。

（253）生产队里自来水哗哗流。

（254）毛难族社员喜接自来水。

（255）下相抽水站。

（256）宿帮电灌站。

（257）北甫水库。

（258）中南大队古周饮水池。

（259）班车正开到下南圩。

（260）拖拉机开上了楼梯坳。

（261）欣欣向荣的下南集市贸易。

（262）演出"花竹帽舞"。

（263）公社文化站阅览室。

（264）毛难族少年乒乓球队。

（265）毛难族业余音乐班。

（266）公社电影队放映。

（267）已出版的《毛难族民间故事选》和《毛难族民歌选》。

（268）毛难族教育事业发展表。

（269）教学点分布图（解放前后对比）。

（270）毛难族干部成长表。

（271）毛难族全国五届人大代表谭凤仙在群众中。

（272）北京医学院的毛难族教授谭承项。

（273）全国三届青年联合委员会、全国青年新长征突击手卢金光（业余气象员）。

（274）荣获国际儿童绘画展览一等奖的毛难族小画家谭阿西。

（275）毛难族等各族干部商谈建设毛难山乡。

附录Ⅲ

王昭武先生回忆文章

本附录大体按王昭武先生回忆事件发生的时间先后为序，并对文章格式做了统一处理，修改明显有误的文字和标点符号。

烂泥冲的拂晓

1949年12月9日卢汉在昆明宣布起义后,我"边纵"第10支队在滇南,相继解放了石屏、建水、个旧、蒙自等县城,正当各族人民兴高采烈欢庆胜利之际,蒋介石指派其在滇的第8军、第26军等部,倾全力猛扑昆明,形势十分紧迫。我地下党动员组织全市人民,支持卢汉将军所部军警奋起反击,打退了蒋军的疯狂进攻。

向南退走的蒋军,把满腔恼怒倾泄在沿途各族人民头上,所过之处,洗劫一空。敌军气势汹汹迫近滇南,因敌我力量悬殊,我支队2000余人主动转入群山中与敌周旋,伺机打击敌军。

1950年1月15日,飞速赶来的我四兵团13军先头部队,奇袭蒙自机场,揭开滇南追歼战的帷幕。各地晕头转向的蒋军,吓得魂飞魄散夺路飞奔,妄图逃出国境保命。

我支队闻讯出发,冒着瓢泼大雨日夜急行,向建水县城挺进。当夜行至人户不多的烂泥冲小村。因军情紧迫,随时待命出发,疲劳的战士们仍穿着湿透的衣服,坐在避风的墙下,趁等待磨谷做饭的间歇,都已呼呼入睡。

天刚拂晓,山头突然响起枪声,一阵紧似一阵。"枪声就是命令。"部队像箭一样,抢上山头的制高点。只听得满山喊声、枪声震天动地，到处红旗漫卷，犹如千军万马奔腾，好一派威武雄壮的气氛，令人振奋不已。我持枪扑在山口往下看，山腰的路上黑压压的人群，有的被打得伏在地上哀号，有的喊道："别打了，我们起义！"枪声逐渐停了，都在注视着事态发展。

不多一会，从山雾中爬上三个徒手军官，被带往阵地。稍后不久，又爬上几个军官，簇拥着他们的副军长、副师长，转入阵地后谈判。战士们议论纷纷，有的为即将迎来的胜利欢欣，有的调皮地抱怨这批不禁打的脓包，打得不太过瘾。

消息灵通的人，陆续传来双方谈判的信息。对方要求"按起义待遇，暂不交出武器，开到指定地点听候改编。"公然胡说，他们是国民党的正规军，只能向共产党的正规军缴枪。翻来覆去，不愿向我游击队投降。当即遭我支队首长卢华泽严正驳斥，申明我们是中国共产党领导的人民武装，只要你们投诚，我们负责保护你们的安全。但谈判仍在僵持，为讨价还价所纠缠。

时至中午，灿烂的阳光照暖了战地。我们吃着山下送来的玉米饭，轮流监视敌情。只见山下的败兵或坐或站，有的懒洋洋躺着晒太阳，都垂头丧气狼狈不堪。我定睛细看，多数是穿草绿色军服的，夹杂着一些穿百姓便衣的，其中还有携儿抱女的妇女，七零八落，倒像是一支逃荒的灾民。

忽听得团政治处普照主任唤我，要我和小张一起，"趁现在还在谈判，你们下去向他们进行宣传。"小张和我年龄相仿，都是刚参军的中学生。不过，她是我们团队出色的歌手。我们解下腰上的手枪，径直向下走去。迎面是围拢的人群，张着眼睛望着我们。其中有人挑衅说："你们是'土共'吧！"脏话像水泼来，敌对的情绪阵阵紧逼，搅得我们也心绪不宁。

在一阵高似一阵的喧嚣和混乱中,我们站在他们面前的山坡上,背靠着强大的力量,彼此定神会意,便唱起我们最爱唱的:"东方红,太阳升,中国出了个毛泽东,……"我们边唱边舞,像平时演出那样尽心尽力。也怪,刹时间周围肃静下来,听众们出神地望着我们,观众越聚越多。偶然间,我听到下边有人在低声唱和,有的情不自禁放声高唱,唱的人越来越多,形成群众性的齐唱,我惊奇诧异不敢迟疑,忙挥手用力指挥,《东方红》竟在敌阵上响彻云空。

待唱完舞罢,我们已和伸来的手握得很紧。有个中年的士兵告诉我:"是解放军教我们唱会的。"原来这支败军中,不少人曾被解放军俘虏后放回,在回家途中又被抓来当兵。有的边说边诉自己不幸的遭遇。当我们宣讲我军优待俘虏政策时,有的人毫无顾忌喊道:"我们懂,早就盼望见到你们。我们要求回家。"此刻,我更感受到我军政策的威力。

我尽可能地与更多的士兵握谈,五六个年轻的士兵围着我哭诉:他们本是南昌的中学生,在路上被抓来当兵,家里还不知他们是死是活。有的揭露说:"当官的恐吓我们,说你们是吃人肉,喝人血的南蛮,吓得我们不敢掉队、离队。"我笑着答道:"你看我像他们说的'南蛮'吗?"人们都不由笑了!几乎每个士兵都有说不完、道不尽的苦情,集中反映了他们盼望解放的迫切愿望。

从他们那里知道,解放大军正以排山倒海之势追来。他们闻讯从开远县狂奔,一路马不停蹄,在雨天泥滑的路上苦不堪言。沿途的农民早已逃避,他们忍饥挨饿,更怕遭我游击队狙击。途中抓住一个不懂汉话的彝民带路,好不容易来到了螺蛳塘村。看见路旁一块地里长满成熟的甘蔗,饥渴的官兵一拥而上,刹那间便拔吃精光。待重新整队上路时,已找不到带路的人,只急得官兵像无头的苍蝇团团乱转。

绝望的副军长田仲达，带着几分迷信仰天长叹："完了，我们落入这个螺蛳塘里，怕没有生路了，这大概是命中注定。"他们慌不择路，一头撞进重重叠叠的山里，与我们哨兵相遇，陷入我军包围圈进退不得。

太阳渐渐偏西，山头的战友呼唤我们返回。途中与迎面而来的蒋军军官相遇，他们说："已经谈妥了，我们将开拔到前面的村里。"我爬上山口，回看蒋军正在集结，听官长讲话之后，缓缓越过山坡。在我军监视下向前走去。听知情的同志说："他们只同意交出部分武器，坚持等待解放大军改编。"我逐渐意识到个中的苦衷。

这支曾被解放军打懵的第八军残部约2000人，对解放军的威力惊心动魄。据后来田仲达对我说起，在炮火掀天的淮海战役中，他踏着填满尸体的战壕，冒死奔逃的情景。此刻，他们早已丧失斗志，惶惶如丧家之犬。对我军又摸不清虚实，只好束手就擒。后弄清是碰上了游击队，才松了一口气。"打是不能打了，但求谋取较好的待遇。"

至于我们这个组建不久的支队，虽有2000多人，其中除两个能征惯战的团队外，大半数是刚参军的各族农民，均赤手空拳等待武装。仅有的一门老掉牙的迫击炮，只有三枚不知能否打响的炮弹。虽然人多势众布下包围的疑阵，要一口吃下这支刚换上全套美式装备的蒋军，力量深恐不足。所以权且接受他们的要求。

当晚抵达安边哨宿营的蒋军，有些顽固分子在惊魂稍定之后，便以要交出部分枪支为借口，大呼"上当"，煽惑士兵破坏武器泄愤。以致在住地整夜炮声隆隆枪声不绝。其中一个反动的营长率部逃逸，被我监护的47团歼灭。次日天气晴朗，我部战士将他们交出的500支崭新的美式步枪、机枪及大批子弹抬回，我军如虎添翼，星夜奔往建水县外的险要，堵截奔逃的第26军残部，又取得新的胜利。

我在队伍出发前，奉令随团参谋张国华，到这支降军中进行工作。他们的副军长田仲达和副师长常永隧依靠自己的亲信，尽力说服所部，拖着这些还扛着武器而心神不定的官兵，抵达指定的曲溪县东山乡。县里的副县长段嘉陵等同志赶来，配合我们进行整训工作。

东山乡是个不满百户的小镇，坐落在四山环抱之中。当地人民政府组织各族群众，尽力供应各种需要，将他们安顿下来。但蒋军军官的恶习复萌，有的深夜聚赌，与当地的坏蛋勾结起来，大肆盗卖枪支弹药为赌资，留下了祸患，造成后来当地严重的匪乱。有些暗藏的反动分子又在蠢蠢欲动，造谣惑众搅乱人心，企图杀害我方工作人员，伺机外逃。

在险恶的环境中，我们一再提高警惕，加强戒备，一面大力宣传革命的胜利形势，广泛宣传党的政策，团结一些省悟的官兵，使混乱的局面日趋稳定。经过半个多月的紧张工作，整训的第3师发生显著变化。

此时，我解放大军在边纵各支队有力配合下，横扫逃窜的蒋军4万多人，取得滇南追歼战的辉煌胜利。2月底，我们把这支尚未交枪的第3师官兵，带往开远县城，按他们的要求，由解放大军收编。我四兵团13军军长周希汉、副军长陈康等，在持枪的蒋军致敬中泰然自若，以风趣的话欢迎他们投向人民，鼓励他们为人民立功，顿使心绪不宁的蒋军官兵眉开眼笑，心悦诚服地放下武器。

——王昭武《烂泥冲的拂晓》，载杨知勇主编《云大风云（三）》，云南大学出版社，1999年，第407—411页。

中央首长为我们壮行

50年前,在全国开展的少数民族社会历史调查工作以及同时开展的全国少数民族语言调查工作,是新中国民族科学研究事业的重要起点,它为尔后我国民族科研工作的建设和发展奠定了坚实的基础。

当年在京组建调查组时的情景至今仍历历在目,令人心如潮涌。特别是出发前中央首长亲切接见,为我们壮行,体现了中央对民族调查工作的重视和期望,令我感动不已。正是在中央首长的关怀和鼓励下,我们坚定了革命意志,增强了力量和信心,满怀豪情奔向遥远的边疆。

一、调查任务的提出

1956年全国革命形势大好,广大知识分子热烈响应党的召唤,掀起"向科学进军"的热潮。那时,我所在的中央民族学院研究部成立不久,共有100多位科研人员,他们主要是从北大、清华、燕京、辅仁等大学的社会学系、历史系,经院系调整后合并而来的师生;还有一些是从旧中央研究院或全国各地调来的,共组成了北方民族、南方民族等3个研究室。

科研人员中包括一些全国知名的专家，如吴文藻、潘光旦、冯家昇、闻在宥、费孝通、林耀华、翁独健、杨成志、王静如等；更有一批年富力强的中青年学者，如王锺翰、傅乐焕、罗致平、李有义、陈述、王森、陈永龄、沈家驹、宋蜀华、柳陞祺、刘尧汉等。除部分人员接受上级交给的临时任务，先后到各地进行民族调查和民族识别工作或从事民族教学外，多数人员仍做个人的民族科研课题。只有将他们组织起来，加强领导，才能发挥他们的力量和作用，卓有成效地"向科学进军"。

自新中国成立以来，各民族地区发生了天翻地覆的变化。然而，因各种历史原因，各民族的社会发展极不平衡，情况比较复杂，因而在各地进行民主改革或社会主义改造的过程中，出现了各种各样的民族问题。只有摸清情况，才能有效地开展民族工作，解决各种民族问题。

为此，毛泽东主席高瞻远瞩，于1956年2月及时发出了关于进行调查研究的重要指示。据彭真同志传达，毛主席指示的主要内容是："全面开展对我国各民族社会历史情况的调查，争取在4—7年内，摸清各民族的基本情况，弄清他们的社会性质。"这是党交给民族工作者的一项光荣任务。我们闻讯后心潮涌动，巴望早日投身于民族大调查的行列。

民族大调查工作由全国人民代表大会民族委员会负责。时任全国人大民委主任的刘格平同志特邀著名民族学家、中央民族学院副院长费孝通参与筹划。他们决定以民院研究部的人员为基础，从全国各部门物色人才，并把他们集中到民院进行准备工作。

在费先生的主持下，由陈永龄、宋蜀华先生组成秘书组，吸收王良志、王晓义、王辅仁、王昭武等人，参与接待从北大、人民大学、中央党校、中国科学院历史所和经济所、民族出版社以及全国各地商调来的二三十人，让他们和民院研究部的 30 多人一起，住进民院刚刚建起的一号楼毛坯房内，进行业务学习。

二、紧张的学习和准备工作

4月的民院春意正浓，校园里春花怒放，但深居一号楼的人们却无心观赏，他们正聚精会神地埋头学习。由于旧中国的科研底子太薄，可供参考的相关资料十分欠缺，有些民族的情况一片空白。面对即将开展的民族大调查任务，除努力学习马列主义相关著作外，还需寻找前人撰写的民族研究论文和民族调查报告，积极开展讨论。

为了提高学员的政治思想水平，统一大家对民族调查工作的认识，人大民委领导传达了毛主席发出的"百花齐放、百家争鸣"方针的精神；请中央民委领导做了关于中国民族情况和民族政策的报告；组织大家旁听了中央首长的时事或政治报告；传达了周总理和陈毅副总理在广州的《讲话》，该《讲话》阐明了新中国广大知识分子是中国工人阶级的一部分，使人心胸开朗，增强了对祖国的责任感。

百忙中的费孝通先生，特邀著名民族学家岑家梧教授远从武汉赶来，协助他精心安排学员的业务学习。历史学家杨向奎、中国科学院新疆分院副院长谷苞和岑家梧教授等人，以我国黎族、彝族、维吾尔族的社会现象为例，分别做关于原始社会、奴隶社会、封建社会三种社会形态的报告。后来又请翦伯赞、裴文中、向达等历史名家做了精彩的专题报告，他们提出了当时史学界一些悬而未决的问题，并瞩望通过民族大调查，以各民族中残留的古代社会现象作为活的例证，寻觅对于一些有争议的问题的科学解答。这引起了与会人员的极大兴趣，在讨论中各抒己见，使大家开阔了眼界。民院的教师以及民院历史系研究生班的师生也为之吸引，他们十分珍惜这个难得的学习机会，纷纷前来旁听。成百人挤进报告会场，有些人全程参与学习和讨论，气氛十分热烈。

除了学习有关理论和民族知识外，我们还交流科学的调查方法。秘书组将全体人员分别编入原始社会、奴隶社会、封建社会三个组内，使之学习、讨论各有侧重。同时每组设专人负责，把不同社会形态的主要内容和特征，分门别类细化成若干问题，最后形成原始社会、奴隶社会和封建社会的调查提纲，供调查者参考、使用。调查提纲在调查实践中发挥了作用，尤其对新参加调查的人员帮助很大，使他们熟悉了调查内容和要求，初步掌握科学的调查方法。

当年6月底，紧张的学习行将结束，出发的准备正抓紧进行。人大民委决定，先成立8个民族调查组，即云南、四川、新疆、西藏、广东、广西、贵州、内蒙东北组，各设调查试点，待取得经验后再全面铺开。后来为了便于领导开展工作，广东与广西组及湖南与贵州组先后分开，各自独立成组。

根据工作需要和本人意愿，北京的调查人员被搭配分入各组。参加云南、四川组的人较多也较强，但每组不过十余人。其他各组只有七八个人或四五个人不等。因当时西藏情况特殊，只派出三人到西藏组。此时中央统战部和人大民委已通知相关省（区）的统战部和民委，在当地选派精兵强将，等待与北京去的人员会合，共同组建调查组开展工作。

人大民委领导十分重视发挥专家的作用，委派费孝通教授兼任云南组组长、冯家昇先生任新疆组组长、李有义先生负责西藏组。西南民族学院院长夏康农任四川组组长、中南民族学院副院长岑家梧任广东广西组组长，内蒙古宣传部副部长秋浦任内蒙东北组副组长，等等。

当时各地踊跃参加调查组的人中，有著名学者白寿彝、吴泽霖、潘光旦、江应樑、方国瑜、翁独健、杨堃、冯汉骥、马长寿、马曜、王静如、杨成志、侯哲安、傅乐焕、杨向奎、林耀华、王锺翰、罗致平、黄现璠、陈述等，先后在各调查组中担负业务领导工作。他们不顾年老体弱，不辞劳苦，与中青年调查者一道，在当地各级党和政府的领导与支持下，深入交通闭塞、生活艰苦的边远山村茅舍进行调查，就地研究问题，为大调查作出了突出的贡献，为后辈树立了良好风范。

国家特设民族调查专项经费，由人大民委办公厅掌握，根据地区需要，为我们配发购买各种防寒装备，或雨具、蚊帐、文具、药品及野外工作设备，提供出差补贴。有的组还配备了当时稀有的进口相机和器材，以及能在山村收听新闻的军用收音机，甚至还有娱乐用的留声机、唱片等，对调查人员的工作、生活给予了深切的关怀。

三、中央首长为我们壮行

在行将出发之际，我们虽然信心百倍，急切希望为革命事业建功立业，但毕竟因从未经受过革命的锻炼和考验，加之当时尚未实行职工休假和探亲制度，面对即将长期远离北京，难免因个人琐事而牵挂，心里有点犹豫和徘徊。这引起了领导的注意。

在学习结束的当天，我们突然接到人大民委办公厅的通知："请组员不要外出，等待通知。"午后，忽见一号楼前开来两辆大轿车，我们五六十人上车向城里驶去。车子在城里转来转去，突然驶入红墙旁的一扇大门，卫兵挥手放行，眼前立刻展现一片绿树成荫的美景，有人惊喜地说："中南海！"大家喜出望外，心跳个不停。

汽车戛然停下，只见一行人迎上前来，为首的是人大民委刘格平主任。他轻摇折扇，笑着和我们一一握手，随后领我们穿过布满鲜花的凉棚，转向水光潋滟的湖边，绕过一座座富丽的庭院，好一派昔日的皇家景象！陪我们同行的一位领导同志，一路指点湖光美景，不时讲起当年皇室的故事，使人兴味无穷。

行至湖边花圃，我们坐定纳凉品茗。亲临风景如画的中南海，看如今换了人间，我心潮起伏。这里是党中央的所在地，是全国人民向往的中心，我不由为自己能亲临其境而自豪，心中荡漾起难以言喻的幸福和激动。

太阳渐渐西斜，湖面清风习习，泛起层层涟漪，炎热正在消退。这时我们已被引入湖旁一座庄严的大厅，厅内摆满大大小小的沙发，这里显然是中央领导同志开会的会场，或是接待中外宾客的地方，我们散坐在沙发上休息。忽听刘格平主任高声说道："李维汉同志来看望大家，请他讲话！"顿时掌声雷动。只见一位身材高大、衣着十分简朴的长者向我们走来。他脸上带着微笑，谦逊地摇摇手说："我不讲了！不讲了！"说完便随意走入人群和大家握手、谈话，他那和蔼可亲的神态让人感到十分亲切，对他肃然起敬。随他而来的几位领导同志也随意插入我们中间，握手、交谈，大厅内洋溢着亲人相逢般的欢乐。

傍晚，中央统战部为我们设宴饯行。进入大厅隔壁的大餐厅时，猛见李维汉部长独坐在一张圆桌旁，他操着浓重的湘音向我们招手。"来这里坐，我这里只要年轻人！"其他领导同志也分散入座。我有点局促不安，这是我生平第一次和中央领导人近距离接触，显得很拘谨。李维汉同志以父辈的亲切口吻说："我喜欢跟你们青年人在一起，我也显得年轻了！"他催促我们动筷子，让我们多吃点，我的不安渐渐消失得无影无踪，整个餐厅的气氛特别融洽。

华灯初上，酒筵星散。敬爱的李维汉部长和其他领导同志早已在门口等候，和我们一一握手告别。车子开动以后，他们仍在频频挥手致意。大家一直沉浸在难以言喻的幸福之中。中央首长亲切接见，为我们壮行，使我激动得久久不能平静。我深刻地领悟到，中央领导对民族调查工作十分重视，对调查人员寄予殷切的期望。回到民院后大家意犹未尽，当夜聚集在一起尽情抒发自己的感受，皆意气风发，相互击掌，约定在4—7年之后，出色地完成调研任务再回北京。

四、调查任务的提出

两天后，各调查组相继出发，无一人掉队。我和两位年轻组员乘火车直奔南宁，与等候在那里的各民族人员会合，建立起广西少数民族社会历史调查组。在短暂的学习和准备工作期间，我们尽情回味和转述中央首长对调查人员的亲切接见和鼓励，使当地同志备受鼓舞。

因组长岑家梧先生身在广东，故广西组由省民委副主任莫矜任副组长，下设壮族调查组和瑶族调查组，分别由黄现璠教授和杨成志教授负责。组员多数是本地的壮、瑶、侗族干部，入秋便投身壮乡、瑶寨进行调查。

壮族组所到的左江和右江地区是著名的革命老区，当地各族人民对共产党的感情特别深厚。每当我们讲明来意之后，他们无不热烈欢迎，满怀激情地感谢共产党的关怀，把我们称为"中央派来的人"，对我们的调查予以积极的支持和帮助，使工作得以顺利进行。

记得那年初冬，我到地处中、越边界的大新县下雷区进行调查。适逢当地特有的"霜降节"，村民们按传统方式祭祀"护乡之神"。

他们的祭祀充满浓厚的迷信色彩，掩盖了壮族先民英勇抗击外敌的实情。

为了弄清历史的本来面目，我和翻译黄远聪同志翻山越岭爬上险峻的十九埂，看山下归春河水如万马奔腾，不禁胆战心惊。归春河隔开中、越两国，成为险要的边防天然屏障。历史上英雄的壮族先民在这里抗击入侵之敌，一些著名的首领被人们尊为"护乡之神"。

其时，对岸的越南人民正在进行不屈不挠的反帝战争。匪特乘机而动，不时穿越边境，对我边民进行破坏和骚扰。当我进入劫后不久的逐埂村时，眼前一片狼藉，全村20多户全被劫匪烧光、抢光。但村民们不屈不挠，像英雄的先辈那样，在废墟上搭起窝棚，"一手拿枪，一手拿锄"，配合解放军牢牢地守护边疆，并克服种种困难重建家园，使我深受教育。

正是在村民的严密保护和帮助下，我既完成了当地历史的调查，又记录了他们的现实情况。我的调查成果被生动地反映在壮族社会历史调查报告《下雷土官》之中，后来又被《广西民族研究》和当地新修的《大新县志》等刊用。

1958年，大规模的民族调查在全国范围内展开。从北京和广西各地应召而来的千百人中，有文学、戏剧、音乐、建筑等方面的专业人才。我们除了进行壮、瑶等主要民族的调查外，还与他省协作，开展彝、苗、回、侗、京、水、仡佬等族的调查，任务较为繁重。我们重温中央首长的有关指示，与来自各方的人员团结一致，发扬艰苦奋斗的精神，身背背包，常年爬行在崎岖的山道上，深入边远山寨，在茅舍火塘边与少数民族同胞促膝深谈，不知度过了多少个不眠之夜。

我们遵循党的指示，下乡与农民"同吃、同住、同劳动"，一起上山下地、建水库、修水利，深受群众欢迎。群众也积极协助我们搞好调查工作，生产队还特意为我们记了劳动工分，我们的思想感情也随之发生了深刻变化。为了与当地干部一致，我们这些从北京来的同志主动放弃了出差补助，在城镇改住鸡毛小店，以节约调查经费。

当时正值"三年困难时期"，广西发生了严重的粮荒。我们响应"生产救荒"的号召，除早、晚从事业务工作外，其他时间都顶着烈日开荒种地。为了与民同甘共苦，我们减少了在北京时的粮食定量，从每月32斤降至18斤，再从中拿出两斤来支援灾区。

后来我们遵照上级的指示，暂停手上的工作，集体下放到农村，散住在村民的家里，一道进行生产自救。在严峻的考验下，我们与勤劳的壮族村民建立了生死与共的深厚感情，得到了他们的深情照顾和爱护，如当时范宏贵、华祖根两位同志在村里生病，病情日益加重，村民们便不辞辛劳，用箩筐将他们从数十里外抬到南宁医院进行救治，使之转危为安。正是在村民们的有力帮助和细心照顾下，经过一年多的艰苦努力，我们终于战胜了饥荒，恢复了调查工作，并使我们变得更加坚强。

通过开展调查，我们在广西获得了极其丰硕的调查资料，抢救到不少濒临湮灭的珍贵文献和文物。经过反复核实和不断补充、修改，相继整理出一批民族调查报告，撰写出壮、瑶、毛南、仫佬族简史、简志的初稿，以及民族自治地区概况等。这些资料和初稿后来被列入国家民委主编的《中国少数民族五种丛书》，标志着全国民族调查工作圆满完成。

此后，我们发扬深入基层进行调查研究的精神，继续开展了各项专题研究，历年来发表了大批民族科研论著；组织《大瑶山瑶族》电影资料片的拍摄；从事民族教学，等等，涌现出一大批卓有成就的学者，为广西民族研究所的建立，以及广西有关民族的科研、教学等工作的建设和发展奠定了雄厚的资料、人才基础。

广西少数民族调查的开展,从一个侧面展现了全国少数民族社会历史调查的辉煌成就。它充分证明,当年党中央和毛主席关于开展全国民族大调查的指示是极其英明、正确的决策。

——王昭武《中央首长为我们壮行》,载揣振宇主编《伟大的起点:新中国民族大调查纪念文集》,中国社会科学出版社,2007年,第55—63页。

有关"物归原主"的记忆

一、诚挚的心意

12 年前,我把收藏多年的一批壮族重要资料,在好友范宏贵教授的协助下,亲手奉交广西民族大学,我称之为"物归原主",以表达我对广西民族研究事业的深厚感情。

此举深获有关领导和同志的重视,近有韦顺莉教授和雷冠中等整理研究,发表了一些精彩的论述,彰显其不可低估的价值,令人欣慰。

回想这批资料,从搜集到失而复得的曲折历程,引起我对早期广西民族调查工作深切的怀念。它取得了一些宝贵的民族资料,还培养了一批人才,为广西民族研究事业的开拓,做出了不可磨灭的贡献。我也从中受到培养和锤炼,终生感念不已。

而今,当年参与其事的人多已离世,往事日渐稀疏。值此纪念广西民族问题研究中心成立 50 周年之际,我有责任将早期广西民族调查组的情况,就记忆所及扼要记录下来,留供参考。

二、广西组的建立

1956年春天,我随中央民族学院研究部的专家学者,响应毛主席的召唤,参加具有历史意义的全国少数民族社会历史情况大调查。我和杨成志教授及郝红章,还有历史研究所的韩耀宗一起被派往广西,迎着炎夏奔赴南宁。

此时,广西民委副主任莫矜前往北京,向全国人大民族委员会领受任务,被委任为广西民族调查组副组长。在黄现璠教授的积极协助下,从广西师范学院、广西民族学院等部门,借调来近20人,与我们一道成立广西民族调查组。

组内除唐兆民3位专家外,都是中青年民族干部,虽具有大专学历水平,但都不熟悉民族调查业务。故不分职务高低,集中学习相关的民族理论、政策、知识和科学的调查方法,特别是统一了思想认识,不计个人名利地位,决心长期深入艰苦的民族地区调查情况,把被埋没、被歪曲的面貌,作正确的反映。

随后成立的壮族组和瑶族组,由黄现璠教授和杨成志教授分任组长,省委统战部来的樊登为秘书,秋后便入壮乡瑶寨开展调查。

三、调查的起步

壮族组以桂西大新县为试点。这里地处中越边境,山峦起伏,交通闭塞,山村分散,生产落后,原是土官的封建领地,到处残留着昔日土官统治的痕迹,为我们调查广西土司制度的发展变化,提供了难得的机会。

全组仅12人,但其中有9位壮族组员,便于独立开展调查。组长黄现璠先生不顾年老体弱，亲率黄槐兴、李干芬等人，日夜穿村入户，先后在太平、养利、全茗、茗盈等土官故地调查，并及时指导各组开展工作，他孜孜不倦的努力与平易近人的学者风范，感人至深。

其他人如樊登、粟冠昌、吴如岱、杨德箴、黄团镇等，就在边境的宝圩乡探访，后来又到宽阔的万承土官区域深入调查。王昭武与阮甘璧、黄永祯、傅继叔等，相继在安平、恩城、下雷等原土官领地，依次开展各项调查。

我们几乎跑遍了大新县全境，经常围坐在火炉旁，听老乡们诉说悠悠往事，不知度过了多少个不眠之夜。

四、有力的支持

当地的人们，怀着了解本地乡土历史的渴望，出于对共产党的深厚感情，把我们称为"中央派来的人"，给予有力支持。大新县委特派来宣传部副部长李意鸿、政协工作人员农朝光、教师黄远聪、医务人员谢梅珍、干部农焯产，以及熟悉地方情况的农忠慰、覃训等社会人士，直接参与各地调查，对我们关怀备至。我和充当翻译的黄远聪密切合作，结下了深厚友谊。

这里的安平、太平、万承土官"改土归流"较晚，有的残留到民国以后。我们访问了昔日的官奴、农奴以及各类人士，他们以自身经历和所见所闻，明确具体地诉说了当年的情景，揭露了土官令人发指的残暴统治的滔天罪行，使我们也受到深刻的教育。

在调查中，人们纷纷提供当年土官、土目发出的派伕、派役、派粮、派款的派单，以及强制农奴贱卖人身、土地、山林、资源的种种契约原件，并详加说明，控诉土官层出不穷的巧取豪夺罪恶。有的还将原件慨然相赠，表达了对我们的信任和支持。仅安平小组就收到数十件，后由广西民族研究所编入《广西少数民族地区石刻碑文契约集》中，于1986年公开出版。

经过两个多月的努力，我们在边干边学中摸索，逐渐得心应手，完成了大新县8个土官地区的调查。编写的8个调查报告约20万字，纳入《大新县壮族调查资料》于1957年春内部出版，为广西民族调查组的最早成果。

此后，于1957年春，壮族组分为两个分组，由樊登率第一分组，相继在天峨、南丹、龙胜等县扩大调查范围，取得显著进展。王昭武率第二分组，辗转在桂西北的凌云、隆林等县山野，顺利地展开调查。完成的诸项调查报告初稿，后经广西民族研究所整理修改，纳入《广西壮族社会历史调查》第四集中，于1986年公开出版。它凝结了当年众多壮族群众和调查组员的心血，为广西民族调查工作留下了浓墨重彩的一页。

五、重要的文献

我们在各地的调查中，常见村前路旁，竖立着大小不等的石碑，碑文大多是历代汉官的文告，有的详细列举清除土官各种征派的陋规条款，有的痛斥土官的残暴罪恶，有的阐述当地发生的重大事件等等。字里行间，呈现出当地不堪忍受剥削压榨的壮族农奴，不断向上级汉官控告土官的罪行，争取解脱的情形。这也从一个侧面，反映了汉官与土官之间日益激烈的斗争。

根据上级"抢救资料"的指示，我们不遗余力地跟踪追寻，除了记录，还加以拓印，先后搜集到不少碑文，其中以大新县和南丹县的最多最好，是研究广西土司制度可贵的史料。当中有 130 多面，收入了《广西少数民族地区石刻碑文集》，由广西民族研究所于 1982 年公开出版。

与此同时，我们在调查工作中，还在大新县万承乡和龙胜县龙脊乡，及时从民间搜集到一些记事、诉状、歌本，内容丰富，既有当地重大历史事件的记录和咏唱，也有大量官方的文告抄件，还有村民、家族、村社之间形形色色的纠葛，涉及人们社会生活的各个方面。特别是一些愤怒声讨土官土司的诉状，折射出清代以来，广西土官政权已日暮途穷，落后的封建领主所有制正被彻底破坏，而农奴的反抗浪潮正蓬勃高涨。

六、挫折与失误

正当我们在各地开展调查之际，1957 年 7 月应召全部返回南宁，在租赁的一家小旅店内，日夜进行"反右"斗争。

首当其冲的黄现璠先生，被作为广西民委系统批判的重点。唐兆民、黄槐兴、吴如岱也被错整，有的被迫离职。其他组员相继遭到不同的批判，致情绪低落。后多数离开调查组。

连一度协助调查组的大新县壮族干部李意鸿、农朝光、黄远聪等人，也因参加土司调查而被牵连，被冠以各种罪名，多年蒙受不白之冤。

经过"厚古薄今"的片面批判，我们的土司专项调查遭到种种非议，从而放松了与之有关的深入调查，失去了抢救珍贵史料的良好时机。据说我们在大新县搜集到的碑文，其原件在历次政治运动中多已被毁，令人深感惋惜。

"反右"斗争之后，留下的调查组员不多，全部参加了 1958 年底新组建的民族大调查。因受"左"的思想支配，对当时民族地区的"大跃进"调查，盲目地歌功颂德，虚耗了不少精力和时间，留下了深刻的教训和失误。

七、失而复得的抄本

在"文革"的激烈动荡中，我从北京到河南"五七"干校，至1972年与民族研究所人员返京，试图恢复业务工作。一天回所时，偶见门口墙边堆放着大批刚清理出来的破书烂纸，有的发散着霉臭，行将作为垃圾处理。一旁的图书资料室负责人老魏说："你们看看，不知是些什么东西？有用的可以拣走。"

我在翻看时，猛然发现一些似曾相识的手抄本，虽已破烂不堪，却是早年广西调查组员搜集来的珍品。我忙抢回清点，有二十多件，原是樊登、粟冠昌等人费尽心机，从大新县万承乡和龙胜县龙脊乡民间一本一本收集来的。我粗加收拾，张贴成册，反复寻思、推想，它是怎么流落至此的？

大约是在1958年夏天，樊登应召，代表广西调查组赴京汇报工作，按例选送一些重要资料上交。因缺乏经验，选出的这批壮族抄本原件未经整理研究和加注说明，致接管的人大民委会工作人员难以辨识其价值，便与其他各省区交来的各种资料混放。

当年秋后，民族研究所正式成立，后接管存放在人大民委会办公室的各种资料，因无明细说明难以辨别，便长期束之高阁无人问津。待"文革"突然爆发，到处一片混乱，旋于1969年底，全所人员物资图书奉令疏散，致人去楼空。后几经搬迁折腾，待陆续运回时，有的已面目全非。

而今，我将这批失而复得的壮族抄本交回，使之各得其所，终于了却夙愿。

——王昭武《有关"物归原主"的记忆》，载俸代瑜主编《追忆与传承：广西民族问题研究中心成立五十周年纪念文集》，广西民族出版社，2013年，第7—11页。

我们对壮族的调查丰富了史书记载

1956年夏，我从中央民族学院研究部被派往广西，参加少数民族社会历史情况的大调查。和当地十多位壮族学者和干部一起，组建起壮族调查组，在著名壮族学者黄现璠教授引导下，投入桂西偏僻的土官统治地区，开展壮族社会历史的调查。此后连续5年间，又在桂西北边远的壮族山乡深入考察，了解社会情况，留下了许多难忘的回忆。

建国伊始，新中国的民族平等团结政策，激发起各族人民的民族自豪感，纷纷上报自己原有的族名。当时广西各地上报的族名，通过民族语言的考察，属壮傣语支的有20多个，其中以自称"布僮"的人口最多，分布在广西红水河、龙江、融江流域；自称"布土"的在右江流域；自称"布侬""布沙"的聚居于桂西和滇东南一带；其他散布在边远山区的有"布傣""布衣""布偏""布雄""布曼"等，人口达1000多万。这些有着不同自称的民族语言大同小异，属壮语的南北两大方言，12个土语区，主要分布在广西省的66个市县内，其他散布在云南、广东、湖南和贵州，基本上形成一片相连的民族聚居区。联系他们的社会历史和传统生活习俗，经各方通力合作，确认为"僮族"，从而使过去被埋没、被分裂的各族系，恢复为统一的民族。

由于过去壮族失去了民族成分，有的被强行并入汉族，致使他们的民族历史和民族情况模糊不清。因而壮族调查组需要摸清各地壮族的主要情况和主要问题，将壮族被歪曲、被颠倒的历史和民族面貌，恢复和端正过来。

一、"布土"住田头，"布客"住街头

走进山峦重叠的桂西山野，气候湿热，草木茂密，物产丰富，好一派南国风光。这里是壮族的故乡，到处印满壮族先民深沉的足印。他们属古"百越"的一支，是广西的土著民族。自秦始皇统一全国，便出兵岭南，在兵力所及的地方设立郡县，迁徙中原罪民50多万守边，加强对当地各族的统治。唐代在广西设置岭南西道，以桂林为统治中心，继续向西部的壮族地区推进，先后在各地建立军事据点，同时源源不断迁来大批汉人，在此建立起大小城镇。宋代深入桂西边远山区，推行"土司制度"，即委派汉族将领或当地投顺的壮族首领为土官，世代承袭，分管各自的封建领地，从属上级官府的管辖，共同加强对壮民的封建统治。

从内地来的汉人，壮民称他们为"布客"，汉人则称壮民为"布土"。汉人带来了中原的文化和生产技术，与壮民互通有无，渐渐结成了不可分离的民族关系，有"布土住田头，布客住街头"之说。随着壮汉民族交往的发展，壮族的生产和生活发生了深刻的变化，特别在一些壮族的中心地区，壮民经济文化的发展程度不断提高，有的已接近汉族地区的水平。那里的大小城镇日渐繁华，涌现出南宁、柳州等历史文化名城，有力地促进了壮族社会的发展。但在广阔的壮族山乡，各地发展不平衡，尤其是交通闭塞的边远山区仍较落后。

居于城镇的汉民，因民族间存在的各种差异，对处于落后状态的壮人，认为他们的"风俗荒怪，不与中（汉）人同"，从汉族的视角加以非议和歧视。如对壮族男女盛行自由对歌结交，"婚姻不用媒妁"，以不符汉族道德礼仪，大加歪曲丑化，污蔑他们粗鲁蛮撞，称他们为"撞丁"，壮语称"布撞"，逐渐成为壮人的通称。一贯歧视壮人的封建统治者，则故意把"撞"写成"獞"，以贬低壮人。我在桂西壮族聚居的大新县安平土官、太平土官等土官统治地区，看到一些令人不解的现象：不仅土官和官族，几乎所有的壮民都众口一说：祖先是中原某县某府的名门望族，随土官南征而来此地的。土官更大造舆论，立家谱、建家庙，竭力标榜显赫的汉族祖先，以抬高自己的身份和地位，借此笼络城镇的汉民，以致淹没了壮族的民族成分。

讲壮话的乡民，虽称自己是汉民，仍逃不脱民族歧视和压迫。维护城镇汉人利益的土官，不断挑拨城乡汉壮民族的矛盾，强行规定乡民低汉人一等，不许盖高屋楼房、不准穿绫罗绸缎、不准坐有靠背的木椅、结婚不许坐轿等。凡乡民进城，不准戴帽、骑马，凡路见汉人，则要侧立请安，更不许读书应考等等，否则视为逾越犯上，送官究办。而享有特权的官绅和恶棍等，经常下乡胡作非为，稍有不遂则肆意横行，加剧了城乡汉壮民族间的严重对立。在国民党统治期间，民族压迫变本加厉。新中国成立以后，取消了带侮辱性的"獞"人，恢复了被埋没的"僮"族，1958年后相继在壮族聚居区建立省级的"广西僮族自治区""云南文山僮族苗族自治州""广东连山僮族瑶族自治县"等。湖南和贵州也建立了僮族乡。

从撞—獞—僮的族名演变，涵盖了壮族曲折起伏的艰难发展历程。因僮音壮，与汉字的音义不同，易于混淆而诸多不便，1965年经各方协商，周恩来总理提议改"僮"为"壮"，并说："壮族是强壮的民族",予以美好的祝愿。

二、"不落夫家"的独特婚俗,壮家女子一生中最自由的时光

1957年春天,我来到桂西北隆林县偏僻的委乐村访问。这里的壮家耕种山地,生产和生活水平较低,仍然保持着浓厚的传统习俗,故有"古壮人"之称。我和县里派来做翻译的小杜,住进了黄公早老人的家里。傍晚,他的两个十七八岁的女儿劳动归来,小女儿阿和笑声爽朗,大女儿阿益却愁容满面,大概碰到了烦心事。后来小杜告诉我:"阿益不愿意去夫家。"

原来这里的壮家以早婚为荣,父母只要筹集到足够的彩礼,便早早为年幼的儿子订婚、娶亲。阿益10岁时便出嫁,但按照壮族传统"不落夫家"的婚俗,媳妇婚后仍回娘家居住,每月须去夫家几天。一般在娘家两三年、五六年,个别也有拖到十多年的才归夫家,全凭本人意愿,他人不能强求。

在娘家的少妇,仍然享有婚前与他人交往的自由,不受夫家和娘家的限制,欢度着自己的青春年华。一旦到夫家定居,情况就完全相反,要承受世俗道德的约束,从此失去完全的自由。壮族家庭以男子为主,用财礼娶来的妻子归丈夫所有,在家庭和村社中处于无权地位,受诸种戒律压制。如妇女不能参加村社和家庭的祭祀和社交活动、无财产使用权和继承权、不能与公公同桌吃饭、不能在公公和宾客前梳头摘头巾、更不许随意说笑走动、不许从正门出入等等,难以尽举。所以贪恋"不落夫家"之自由的少女,迟迟不愿到夫家定居。

每值赶圩赴会或喜庆节日,阿益姐妹像其他少女一样,精心打扮,结伴出行。沿途总遇到成群的小伙子放声对歌,或边走边叙。待

到人山人海的圩上，更相互攀谈交往，歌声四起，有的互送信物。因此，这里的壮族青年男女，都各有异性朋友，有的还结成情侣。阿益姐妹也都有各自的心上人。入夜之后，有人轻敲我们住的木楼，阿益闻声启动板壁上手掌般的小洞，双方贴在洞口喁喁私语，天明方散。小杜告诉我，阿益每月到夫家走亲时，她的情人已在山中深处搭起一座窝棚，在伙伴的守望下，他们欢聚几天，然后阿益再到夫家应付半天。日久已成公开的秘密，因属"不落夫家"期间，碍于世俗，夫家也无可奈何，双方僵持不休，阿益正为此烦恼。

对于壮族盛行的"不落夫家"婚俗，过去深受他人的歪曲和诬蔑。经过了解，壮族青年男女交往，绝不如某些卫道者所说的私合滥交，乃是在壮族传统的道德规范下，有章有法地顺序进行，所以保留至今，朦胧地显现出人类原始群婚制的遗风。他们通过正常交往，自由选择，出于双方自愿，相处时间长短不一，有情者交往数月、数年，一旦情谊不在便分手，互不承担责任与义务。过去在封建压迫下，"不落夫家"更成为妇女一生难得的自由美好时光，所以她们格外珍惜。

因妇女是夫家用彩礼娶来的，人身已属夫家所有，若要退婚，必须退还夫家可观的彩礼。妇女在家庭中无财产支配权，因此按壮家规矩无力离婚，她们只有尽量拖延住在娘家的时间，承受着双方家庭的压力，最终迫不得已才到夫家。"不落夫家"的习俗在广西和云南、广东、湖南、贵州五省相连的民族聚居区内很有普遍性，自称"布衣""布偏""布雄""布曼"等民族的女性都是如此。将他们划分为壮族，也充分考虑了这个特点。

当我们完成当地的调查工作时，已与阿益全家熟悉，至告别时，阿益脸上绽开笑容。小杜告诉我，村里的青年男女听到县里宣传的

《新婚姻法》，欢声震动。阿益已拿定主意，决心主宰自己的婚姻。

三、敬牛的民族，"牛魂节"和盛大的"霜降节"

农业生产为主的壮族特别尊重牛，有的不但不吃牛肉，而且每年都要过"牛魂节"——乡民为耕牛过节，特别用蒲叶做成形状和大小都酷似牛角的糯米粽喂牛，慰其全年辛劳，然后牵牛至田头，祭拜牛神。是否有庆祝"牛魂节"的传统，也是我们将不同自称的壮语支系的民族划分为壮族的依据之一。

壮族全民尚武、全民皆兵的历史可以追溯到很久远以前，不过发生在明末的一场战争跟牛有关。广西大新县地处国防前沿，每当大小敌人入侵，边民首当其冲。历史上因关山险阻，很难指望内地发兵及时赶来救援，所以边民都武装起来，一旦有警便吹起牛角求助，形成强悍的武装力量，俗称"俍兵"。明末倭寇不断犯我东南沿海，朝廷飞调广西土司率"俍兵"前往助战。下雷土官许文英亲率所部"俍兵"出征，境内只留夫人岑玉音守护。是时，安南王朝"莫王"莫多佬突率万人乘虚而来，下雷乡告急。岑玉音夫人临危不惧，率所部100多名女兵，各骑一头黄牛迎战。壮语称牛为"磨怀"，称女军为"磨怀军"。"磨怀军"鼓舞了全境村民，拿起刀枪一同迎敌。

岑玉音命女兵用甜酒喂牛，把野山芋汁淋在牛角根部，惹得黄牛狂躁不安，在号角声中一起踏破敌阵，只剩下丧魂落魄的"莫王"只身逃回。胜利的喜讯传遍山乡，村民担酒烧香，庆祝胜利，欢迎"磨怀军"归来。这天恰好是霜降节令，从此当地的壮民便有了过"霜降节"的传统。

我在中越边境访问时，参加了下雷地区壮民的"霜降节"。每年

"霜降节"时，乡民从各地赶到下雷街，白天入玉音夫人庙和磨怀将军神庙祭祀，并举办万人空巷的物资交易，入夜举行通宵达旦的盛大"歌圩"，热闹非凡，连续三天三夜，尽情欢度节日。中越边境线上的"布壮"也有类似庆祝"霜降节"的传统，所以将其划分成壮族。

我们在各地的调查，了解到的虽属残缺不全的社会现象，但它显现出昔日壮族先民生活的生活情景，弥补了史书记载的不全。

——王昭武《我们对壮族的调查丰富了史书记载》，《中国国家地理》2011年第8期，第84—90页。

在云端上的瑶家

欢度了1957年春节之后，我和广西民族调查组的6位同志，又从南宁起程。过了百色市，进入群山环抱的凌乐县，这里的壮族占全县人口90%以上。因妇女身穿红布大襟，俗称"红衣壮"，保留着浓厚传统习俗。

这里是泗城土府的故地。自宋代以来，强盛的岑氏土官，拥有南至百色，北至贵州望谟等大片封建领地。至雍正四年，清政府凭借武力，强行"改土归流"，在这里推行民族压迫政策，招致了土官和壮人的强烈反对，致使泗城府的号令出不了城。拥有实力的岑氏土官，依然占有庞大的"四大田庄"等大片田地。至解放前夕，还保持着对当地壮族农奴的封建统治。

我们在对壮族的实地调查中，发觉当地的瑶族处境更坏，他们作为土官的奴隶，被封闭在深居的山中，世代承担苛重的劳役。深重的压迫使他们与山下的壮人很少往来，因民族隔阂形成民族偏见，把瑶山涂上了浓厚的神秘色彩。为了弄清山上瑶民的真实情况，我决意到离县城最近的后龙山进行调查访问。

趁赶墟这天下午，我和县里派来做我翻译的一位同志，背上背包，随一群回山的瑶民进山。他们各背一个大竹箩，装满刚换来的食盐、铁锅、农具和旧衣等。对我说：过去与壮人交换是不等价的，一背篓干柴只换得一小块盐。而今不同，他们用各种土特产，从供销社换回各种用品。有的说，自解放以来，政府连年提供各种生活救济和生产贷款。不久前还动员瑶民下山，参加分配土改的胜利果实。有的人第一次分到大米，但不知如何煮吃。从他们的笑貌和声音中，表达着对党的信任和感激，欢迎我们进山。

一路上，山路奇石嶙峋，我已累得喘不过气。但见他们背着沉重的背篓，步履矫健行走如飞。待攀上山腰，眼界逐渐宽阔，在土层瘠薄的山坡上、石缝中，散布着疏落的庄稼，有玉米、小米和三角麦等。因耕作粗放，又缺水缺肥，加之水、旱、虫、兽灾害频繁，致产量很低，故有"种一坡，收一篓"的真实写照。瑶民烧垦山地只种一二年，待地力不济，又用篓背起全家仅有的粮物迁徙，觅地烧荒垦种，因之被称为"背篓瑶"。

转过了山坳，眼前是一座耸立的绝壁削岩，挡住了我们的去路，只觉得阵阵阴森的气息迎面扑来。正迟疑间，前行的一位瑶族男子，已从岩下的草丛中，抬起一棵粗大的树干，斜架在岩壁之上，便背上背篓，抱着树干攀援而上，爬上绝壁，敏捷地扶壁斜上。我不禁吃惊，心在怦怦直跳，看着他们依次而上，心绪才逐渐稳定下来。在他们前拉后拥帮助下，我攀上了悬岩，紧贴绝壁爬上斜坡，浑身已大汗淋漓。此后，又相继爬过两道"木梯"，越过几重绝壁，终于爬上山风呼啸的山顶。瑶民称这里为"三台坡"。

我回看山下万丈深渊，不禁毛骨悚然。一位瑶民自豪地告诉我："官有万兵，瑶有万山"，过去土官派兵围剿我们，就在这里无可奈何。是险峻的大山，挡住了统治者。为了反抗土官的统治与压迫，历史上瑶民不断奋起抵抗。他们从山上下来，乘夜摸进城里，搅得土官坐卧不宁。待追兵赶来，瑶民又安然爬上三台坡，嘲笑着爬不上来的官兵。

从三台坡又爬过几重山，就抵达最大的后龙村，共13户，刚建立的后龙乡政府，就设在乡长罗正东家里。罗乡长说着不纯熟的汉语介绍，全乡共91户583人，都是讲"勉"话的瑶人，因妇女头缠红布，俗称"红头瑶"，散布在方圆30多华里的28个村寨内。最小的村屯只一二户，各村相距十多华里。反映了瑶民因从事原始游耕农业，有的随耕地而居，故居地极为分散。

后龙村坐落在一片倾斜的坡地上，均土墙草房，为预防火灾蔓延，各家相隔二三十米。墙上无窗，只凭木门透进微弱的光亮。罗正东一家20多口人，就挤住在这间30多平方米的屋内，居中设一个一米见方的火塘，终年烟火不灭，供人炊煮烤火，把房顶墙壁熏得黝黑。壁上挂满成串的玉米、小米等粮食，屋角设一个舂米的石臼。因无床、无任何陈设，显得空空荡荡，典型地展现了这里瑶家的居住状况。

时近傍晚，牧放猪牛的两个牧童刚刚归来，将牲畜赶进屋下的圈内。还有两个清秀的少女，扛着农具从附近地里回家，帮着两位主妇煮饭做菜。待夜幕降临之后，从远处劳动返回的中年男女，围聚在火塘上的菜锅吃饭说话，屋内熙熙攘攘，我和他们一一相识。瑶民盛行同姓聚族而居。因山地距家较远，劳动强度过大，为弥补劳动力不足，多三四代同堂的大家庭。有事时各家互相协作，形成团结互助的民族优良传统。

劳累的人们围着火塘取暖，相继席地而卧，裹紧单薄的衣服呼呼入睡。我在旁盖着棉被还觉寒意阵阵袭来，不禁涌起强烈的同情。时至半夜，我从朦胧中醒来，又见两位做家务的老奶，正在火塘旁添柴煮饭。随后，将煮熟的玉米饭，一份一份放入芭蕉叶内捆扎成包。至天刚破晓，便把两个熟睡的姑娘唤醒，各自背上几节大竹筒，推门出屋，消失在雾霭之中，到10里外的山塘中背水。接着睡醒的人相继起来，便各自端起竹碗吃饭。作为一家之主的罗正东，依次安排各人当天的劳动。饭后每人拿起一份饭包，背上装农具的背篓出门，热闹的屋内重归平静。劳累了半夜的两位主妇，喂过猪后，才蜷卧在火塘边发出轻轻的鼾声。

天已大亮，我推开木门，牧童正吆喝着牲畜出栏。隐约间，山路上传来少女银铃般的笑声。她们从雾中走来，入门卸下沉甸甸的水桶。听她们说：如果天旱，就需赶早到二十里外的山塘背水。若果泥塘干涸，家长则改派力强的男劳力，远至山下的河边背水，往返五六十里。此刻，我才领悟水在这里何其珍贵。他们用水十分节省，只用很少的水洗脸洗脚，然后倒进猪槽喂猪，从不浪费一滴。使我为之震动，产生无限的感慨与同情。此后我在后龙山上，尽量节约用水。

当空的太阳已驱散了云雾，家里年长的老汉已丧失劳力，带着最小的两个幼儿，墩坐在门口晒太阳，并接受我的访问。不知从何时起始，后龙山便属土官所有，所有山居的瑶民，都成为土官的奴隶。以村寨为单位，每户按年上交5斤黄豆，送给固定的主人，俗称"认主粮"。此外，各寨在农忙时节，要先到山下主人的田里做工一二十天，纯为无偿劳役，只给两顿饭吃。每当土官家族春秋上坟，各寨派人各挑一担干柴送去，然后为主家挑着祭品，陪同主人叩拜、修墓。倘官族有事或婚丧嫁娶，各寨也要派人挑送干柴，为主家做各种杂役。若主人外出或向亲友送礼，瑶民须往抬轿挑担，有时远至百色等县，往返五六天，只得几文伙食钱。深受屈辱的瑶民，不堪承受苛重的劳役，不断采取各种形式的反抗。瑶民掀起大规模的反抗斗争的事迹，从保留在他们流传的诗歌之中不时可以听到。

时至中午，从附近地里劳动回来的姑娘，吃过饭后，便从腰间解下一条布带，用针线随手挑绣精致的彩色图案花纹，令人惊赞不已。她们用花带装饰衣襟、腰带，显示着瑶族的聪明智慧。姑娘在赶墟赴会时，进行别有风趣的社交活动。她们把精致的彩带，送给情侣作为定情的信物，让他系在猎袋上，俗称"相思带"。

忙于家务的主妇，剥下脱粒的玉米，放入石臼上捣碎。又从附近山地上，采摘满箩的野菜。傍晚在火塘上煮菜做饭，等待着一批又一批劳动归来的家人。日复一日，他们世世代代重复着同样的生活。在如此艰难的条件下，瑶族依靠自己的勤俭奋斗，战胜了各种各样的困难，顽强地生存下来。

经过对各寨的实地调查，短期便掌握了基本情况，并写成调查报告刊印，供有关各方参阅。此次后龙山之行，使我受到一次深刻的阶级教育，增强了对少数民族感情，还提高了独立工作的能力，坚定了为各族人民服务的思想。为我往后数十年从事民族学研究，打下了良好基础，终生受益匪浅。

——王昭武《在云端上的瑶家》，载郝时远主编《田野调查实录：民族调查回忆》，社会科学文献出版社，1999年，第242—246页。

毛南族调查的回忆

在1958年的"大跃进"中，广西少数民族社会历史调查组也加快了工作的步伐，上百人组成10多个小组，奔赴广西各民族地区调查民族情况，编写社会历史调查报告，进而专门为壮族、瑶族、毛南族和仫佬族等民族各编一本简史、简志及民族自治地方概况，简称《民族问题四套丛书》，得到各方的重视。

当时，我被委派为毛南族调查组组长，与中央民族学院、北京大学历史系学生韦世明、刘宁勋、朱一涛一起，当年10月初便风尘仆仆地赶往毛南族聚居的环江县下南区开展调查，从此开始了我对毛南族历史文化的研究生涯，留下了许多难以忘怀的记忆。

一、工作的起步

聚居在"毛南山区"的毛南族群众约有2万人，因地处偏僻，交通闭塞，以致他们的民族情况鲜为人知。新中国成立后，经民族识别的初步考察，弄清了他们的民族成分，于1956年2月，经中央确认为"毛难族"，后改为"毛南族"。因有关史料奇缺，我们被要求从摸索调查入手。

当时，毛南山区掀起全民"大跃进"，山寨里空无一人。我们放下背包，便加入山上大炼钢铁的行列，挑矿石、拉风箱，与群众打成一片，以便能顺利地开展调查工作。经过两个多月的艰苦努力，我们按照原先拟定的调查提纲，相继完成了几个村寨的典型调查，收集到不少资料。

年底，全组仓促结束调查，组员们都收兵回京复课，只留下我和县里派来协作的翻译韦志华同志，负责编写各村的调查报告。至此，方发觉有关历史文化方面的资料奇缺，其他方面也存在不少问题，令人无可奈何。因时间和人力的限制，故编写的民族调查报告草稿留下了很多遗憾，充分暴露了我们调查工作的失误。

二、沉重的教训

我曾几经思考，回想当时在"左"的思想指导下，我们没有遵行中央"抢救"行将消失的民族历史文化史料的指示，还害怕招来"厚古薄今"和资产阶级"猎奇"的学术思想麻烦，故都放松了对毛南族历史文化的调查。但是却为了"突出政治"，而热衷于历次政治运动的调查，更为当时沸腾的"大跃进"和人民公社化所吸引，甚至把风行一时的"浮夸风""共产风"的祸害也当作共产主义的新人新事新气象尽情地欢歌礼赞，都大量地堆砌在所写的调查资料中，为后来据此编写调查报告和简史、简志初稿留下了遗憾，既缺乏撰写民族历史文化的资料，又充斥了华而不实之辞，形成了硬伤。虽经多人长年修修补补，但仍然无济于事，终因悬而不决被束之高阁，成为我们调查者心灵上的愧疚。

三、难得的机遇

"文化大革命"之后,迎来了改革开放的大好时机。为了完成过去民族大调查的任务,由国家民委负责,与全国有关各方通力合作,在《民族问题四套丛书》旧稿的基础上,组织力量重新核实、修改、补充、编辑,以《民族问题五种丛书》公开出版。这就为我们改正调查工作中的失误,提高丛书质量,提供了难得的机遇。

针对毛南族史料极端欠缺的情况,我再次返回毛南山区,与昔日的伙伴韦志华密切合作,并获得了当地谭金田等毛南族学者的支持。在新形势的鼓舞下,我们端正了态度,破除了调查禁区,向一切有识之士请教。于是我们带着各种问题,不断深入各寨,听父老乡亲们叙述悠久的往事,听巫师唱起流传已久的神话、史诗,听人们唱起委婉的情歌。我们广泛征集民间的歌谣、故事,各族姓不同版本的族谱,人们家中珍藏的契约、碑文等文献。还有的人不辞劳苦,热心地领着我们翻山越岭,从荒烟蔓草的乱坟堆中翻找出一些记事的墓碑,从模糊的字里行间,寻觅到一些当地历史事件的确证。

经过多方努力,我们从民间"抢救"到一些宝贵资料,经过系统地研究分析和反复比较印证,逐渐呈现出毛南族历史文化发展的轮廓,从而填补了他们的历史空白。

与此同时,我们借助当地总结历次政治运动的经验教训,删除了不少虚夸和不实之词,如实地撰写了"合作化的曲折道路",以及批判"文化大革命"的荒唐和祸害等篇章,并且都纳入新编的《下南毛南族乡的社会历史概况》中。后经广西民族研究所编纂出版,我也实现了改正失误的夙愿。

四、可贵的奖赏

我因多次参加毛南族的调查工作，与毛南族父老乡亲建立了深厚的情感，经常获得他们的关爱，告诉我毛南山区新的发展变化，这促动我多次撰文，在报刊上介绍毛南族的情况和多姿多彩的风土人情，体现我对毛南族深厚的情结。

在长期参与毛南族的研究中，我就一些重要的问题，先后撰写了《释"毛南"》《常峒之战》《论毛南人婚姻》等论文，抒发自己的认识，后都纳入毛南族学者覃永绵编辑的《毛南族研究文选》中公开出版，与同行增进了交流和联系。

我们的毛南族调查和研究工作，一直获得当地有关各方的支持和鼓励，并体现在我们工作的进程中。1986年11月，我远在北京，意外地接获环江县委发来的邀请，邀我专程参加环江毛南族自治县成立的盛典，使我感受到毛南族群众亲人般的温暖。2012年初夏，专程到京的谭自安、谭鹏程等负责同志，又带来环江县委和毛南族人民对我的关怀和慰问，表达了对当年民族调查工作的认可，这是毛南族人民给予我们的最高奖赏。

——王昭武《毛南族调查的回忆》，载俸代瑜主编《追忆与传承：广西民族问题研究中心成立五十周年纪念文集》，广西民族出版社，2013年，第123—125页。

梦回"毛南"

50多年前，我到广西参加少数民族社会历史情况大调查，曾几度上毛南山乡工作，还长期从事毛南族的历史文化研究，因而对毛南族充满感情，至今虽远在他乡，仍梦回毛南山乡，与乡亲们团聚，眼前浮现当年多少笑脸。

回想当年对毛南族的社会历史调查工作，具有一定的历史意义和价值。当年为何要调查，怎样进行，结果如何，发挥了什么作用，以及留下的经验和教训，我作为当事者，有必要就记忆所及，扼要地记录下来，连同个人的感受，供关注它的人们参考。

一、民族调查的起步

散布在广西环江毛南族自治县下南毛南山乡一带的人，因保持自己独特的民族语言、历史，政治、经济和传统文化生活习俗，与其他民族显著不同，故一般被他人称为"毛南人"。

自中华人民共和国成立后，党的民族平等政策的光辉，照进了闭塞的毛南山乡。这激发起毛南族人的民族自豪感，他们要求恢复他们历史上失去的民族成绩和民族权利。当时，很多地方的群众都有这一要求。1953年全国第一次人口普查中，从各地上报来的民族名称有400多种，都要求成为祖国的民族，引起各方关注。

根据马克思主义的科学原理，"民族"具有"共同的语言，共同的地域，共同的经济生活，以及表现于共同文化上的共同心理素质的稳定的人们共同体"的基本要素，结合我国的民族情况，以此为标准，加以比较研究，才能识别各种族称的民族成分。

为此，中央决定对各种族名进行民族识别工作。1952年秋，中南区民族事务委员会与广西民族事务委员会组成联合调查组，由著名学者严家宜（中南民族学院副院长）、张景宁（1955—1968年任广西民族事务委员会副主任）主持，并调来了学者刘耀荃、容观瓊、刘介、冯琛以及民族干部共25人，前往环江县下南乡各村实地调查，了解毛南族人的基本情况。经过分析研究，识别毛南族人是单一民族。他们以翔实的资料，编成《环江毛难人情况调查》的报告送审。1956年2月，经中央批准，按毛难人的意愿，定名为"毛难族"。毛南族人的愿望得以实现，成为我国多民族家庭的一个成员。

二、民族大调查的开展

其时，随着全国社会主义建设的蓬勃发展，毛南山乡通过民主改革和社会主义改造运动，正发生着天翻地覆的变化。然而像其他民族地区一样，因各种历史原因，毛南族的经济、文化发展缓慢，存在着许多困难和问题。为了帮助他们加快发展建设，遵循毛主席新的指示，全国各民族地区开展社会历史大调查，摸清他们的基本情况和民族特点，从当地的实际出发，全面规划，制定相应的民族政策和方式方法，有效地开展民族工作，以促进各项建设事业的顺利发展。这个决策当即获得各方人士的拥护，于是，在全国范围内掀起民族大调查的壮举。

当时，从各方应调来京的一批专家学者，分别奔赴各民族地区。我随之被派往广西，与当地的学者和民族干部一起，组建起成百人的广西少数民族社会历史调查组，相继投入壮乡、瑶山工作。

1958年，为加快各民族社会历史调查工作的步伐，当年秋天，我接受了调查毛南族的任务，与临时派来的北京大学和中央民族学院的在校学生朱一涛和韦世明等一起背起背包，怀着火热的激情，在环江县委派来的韦志华、覃汉才同志的带领下，爬上广阔的毛南山乡，去探索毛南族的奥秘。

此刻，环江全县几乎所有的毛南族（时称毛难族）群众，都日夜投入热火朝天的劳动之中。我们深受鼓舞，也分头到各村边劳动边调查，与群众打成一片，思想感情也发生了深刻变化。

毛南族虽有悠久的历史，但他们的历史文化由于没有文字的记载，只依稀地保留在他们的传说、神话和族谱之中，模糊不清。为了追寻先民艰苦创业的足迹，我们根据广为流传的祖先传说，沿着崎岖难行的山路实地踏勘，体会当时开山辟岭、引水种田的情景。

我们与父老们围坐火塘旁长夜倾谈，听他们道述悠悠的往事，知道了毛南族那些处于原始状态的先民，以血缘为纽带聚族而居，彼此守望相助，克服了重重困难，从而以宗族相聚成村，日渐结成强宗大姓。为增强内部团结，维护村民的安全与权益，按传统的道德观念，人们制定了共同遵守的条款，形成了称为"隆款"的村社组织，具有强大的权威，长期在毛南人的社会生活中，发挥了重要的社会职能。

对他们的全面调查，从衣食住行到婚丧嫁娶、满月喜庆、宗教礼仪、禁忌等社会生活的各个方面，我们从中看到多姿多彩的民族特色，看到了毛南族坚毅的民族性格。他们就是靠着这个民族性格顶住了沉重的封建压力，顽强地保持住固有的民族语言和优良传统。他们热情好客，善于学习先进的生产技术和科学文化知识，好学之气蔚然成风，这对促进毛南族社会历史的发展，具有重大的作用和意义。

当年底结束调查之后，协同工作的三位学生相继返京复课，只留下我负责扫尾工作。我先后编写几个调查报告，编写报告时，方感捉襟见肘，所收到的历史资料十分单薄，无法下笔。因此，我无法撰写紧随而来的《毛南族简史简志》的历史部分。这些对毛南族历史调查的失误，使我为此充满的愧疚之情挥之不去。

有关政治、经济、文化生活的表述，随着时间的推移，其中的谎言和虚假之事，不断为真相所捣破否定，迫使我们对写成的书稿一改再改，最后使调查报告被长期束之高阁，无法出版面世。

三、弥补过去的失误

"文化大革命"结束之后，刚恢复工作的国家民族事务委员会负责主持修订过去的民族调查报告等，公开出版大型的《民族问题五种丛书》。我接受广西民族事务委员会交给的任务，修订过去所写的毛南族调查报告。

经过多年来的认真整理，我决定带着发现的各种问题，重回毛南山乡，全力以赴地核实资料，补充调查，就地修改调查报告。此后我几度前往，深获当地各级领导和同志的支持。中共环江县委员会应我的请求，把当年与我共事的韦志华同志，仍"降格"为我的语言翻译，与我形影不离地密切合作。我得到许多人的支持，他们核实和补交了许多资料。特别是熟悉地方历史典故的谭金田等同志，提供了不少史料和线索。

毛南族历史上的重大事件，一向苦于缺乏可靠的资料，单靠民间口传和各姓的族谱的只言片语，很难正确说明这些事件。在乡老们的提示下，我们重新出发，连日翻山越岭，到处寻觅当年有关的毛南族著名人物的坟墓，从荒烟蔓草相拥的残碑的字里行间，发现他们经历事件的时间、地点和大致情节，与有关的民间传说相印证。经过我们的努力，毛南族逐渐显露其历史本来面目。

同样，我们对毛南族的社会生活和传说习俗，排除了"左"的局限，如实反映具体情况，加以追索评说，使新修订的几个调查报告，内容各有侧重，简明扼要。我更着力于重新编写《广西毛南族的社会历史概况》，运用所掌握的毛南族的历史和现况资料，作系统的集中反映，弥补了过去的欠缺，了却了多年的心愿。

此外，多年来，我怀着对毛南族深厚的情结，在一些刊物上介绍毛南族的概况。因致力于毛南族的民族研究，先后发表了《释"毛南"》《毛南民族的形成》，抒发了个人见解，以推动毛南族历史科学研究的发展。我又为庆祝环江毛南族自治县的成立，应毛南族学者覃永绵之邀，特撰写了毛南具有历史意义的《常峒之战》，以及撰写的《论毛南人的婚姻》，获收入出版的《毛南族研究文选》之中，以促进毛南族社会生活的研究，表达我对毛南族乡亲的感激之情。

——王昭武《梦回"毛南"》，载全国政协文化文史和学习委员会、广西壮族自治区政协文史和学习委员会编《毛南族百年实录》，中国文史出版社，2019年，第26—29页。

在西藏的归途中

过去我们常到各民族地区,开展民族学调查工作。那里美妙的山光景色,千姿百态的民俗风情,使我开阔了眼界,增长了见识,提高了业务能力,还体味到丰富多彩的人生,留下了多少充满风趣的回忆。

记得在风雨如晦的1976年春夏之交,我参加了民族所新组建的西藏民族考察队,内分社会历史、语言和摄影3个组。我们一行15人,离开了北京,奔向遥远的西藏高原。先后在紧邻印度的察隅、米林和墨脱等县边地,开展社会历史、语言和拍摄电影工作。

经过短短三个月的努力,我们摄影组在基本完成《僜人》的拍摄工作之后,又转赴米林县,开始拍摄《博呷尔部落的珞巴族》的电影资料片。年底,在完成预定的任务之后,我们决定回京整理所拍的样片,以备来年入藏补拍。

此时全国正取得粉碎"四人帮"的伟大胜利,在万众欢腾中,我们回京的心情更加迫切。然而当时历经浩劫的西藏,一时尚未恢复正常。我们所在的米林县比较偏僻,虽通公路但无班车,只有连日在县里等待和打听,指望找到顺路的汽车捎带一程。

这天已至中午,眼看着希望又将落空,我正待去食堂打饭时,忽听得不远处有汽车声响，忙跑出去看，只见一辆破旧的敞篷卡车，正在商店前卸货。两位年轻的藏族司机听了我的要求，特别是知道我们是来藏拍电影的，热情地爽快答应，但打着手势说着不连贯的汉语，大意是："车不好，路又坏，天很冷，你们要坐就来。我们不能耽搁，马上就要开车，今天要赶回林芝。"我喜出望外，立即呼唤着同行的三人，将器材和行装扛上车，摇手向米林告别。

汽车掀起浓浓的灰尘，向开阔的山原驶去。迎面吹来凛冽的寒风，早把我们逼得蜷缩在毫无遮拦的车厢内。车在凹凸不平的路上不断颠簸，但我们为能乘上车已很满足，因为只要今天能抵达川藏公路干线的林芝县，便可顺利地安排回拉萨和北京的旅程。

汽车沿着奔腾的雅鲁藏布江北上，眼前涌来绵延起伏的空阔雪山，送来清新湿润的气息，令人心旷神怡。

突然车子戛然停下，司机已钻到车下检修，大概毛病不小。我们围着车看，它委实太破旧了，车头无盖，车厢油污破烂，难怪爬坡时，像掉了牙的老牛吃力地喘个不停，所以只能在两县间的短途中勉强行驶。

我在车旁舒筋活骨，望着激烈奔腾的江水，尽情浏览高原壮丽的雪景。灿烂的阳光，贴在深蓝的晴空上，飘逸着一缕缕千姿百态的游云，环绕着雄伟的雪山冉冉而去。我凝思着，我们7个人主要调查僜人的情况和语言，边调查，边讨论，边补充，边写资料，经过一个多月的紧张工作，便基本完成任务。在此基础上，共同编写出拍摄要点。接着我和北京科学教育电影制片厂来的3位同志，深入现场，根据要点设计出一组组分镜头脚本，便选定场地和人物，按内容逐段复原开拍。两个月间便拍完了大部分镜头，既真实，又省时、省力、省钱，取得事半功倍之效。我想，这将为我们今后的民族学调查和民族科学资料影片的拍摄，提供有益的经验和借鉴。

在此项连续进行的调查和摄影工作中，我们广泛接触僜人群众。从他们历经的原始生活中，使我受到刻骨铭心的震撼。在茫茫的原始丛林之中，成群的僜人按不同族姓，依靠狩猎、采集和低下的原始游耕农业，取得难以保证的食物，维持着极端艰难的生活。在父系家族中，妇女处于被奴役地位，终生被男子用牛买来卖去。直到1970年止，党和政府经过多年艰苦努力，才把所有充满种种疑虑的僜人，从察隅县各地的山林中解救出来。在当地藏民的有力帮助下，搬进新建的木楼，脱下单薄的麻布衣服，第一次穿上御寒的衣裤，使用各种铁制工具，学会种植水稻、蔬菜和果类，开始了幸福的定居生活。为了拍摄过去的情况，我们在他们曾经生活的原址，搭建茅棚恢复原状，以反映他们的原始生产和生活习俗，生动地显现出人类早期童年的艰难。又着重体现在社会主义条件下，僜人正发生着天翻地覆的巨大变化。这对我国的民族学研究和民族工作，无疑具有一定的价值和现实意义。

很长时间过去了汽车仍未修好，不知不觉太阳已经西移，令人不由担心。在这空旷的山野，等车可不是滋味。我们熟悉高原特有的性格，它不分冬夏，白天晴空万里，强射的太阳暖和着大地，有时还酷热难当；但当太阳落山便气候骤变，风寒阵阵袭来，忽而雷电交加，或风雪弥漫冰冻封山。倘大雨如注便山洪暴发，不时垮山塌方，推动着硕大的泥石流不停下滑，顷刻就吞没了田地村庄，堵断了河流、山道。我们过去在途中曾多次遇到险情，只见成百辆过往汽车，像困住的长蛇动弹不得，经过一天，两天或几天，待工程兵开来修路的机车，日夜清障或另辟新路通车。所以有经验的旅人，都带够衣服和食物以防不测。好在我们都有一般的防寒设备，而且刚在盛产山果的丛林中，买到满兜满袋核桃，原想带回送亲友尝新，此刻正好掏出来，一边砸吃一边聊天，消磨等车的寂寞。

至傍晚车终于修好，司机看着天色安慰我们："今晚准可到达林芝。"汽车又喘着粗气，在起伏的路上摇摇摆摆缓行。至转弯后进入一条狭窄的地段，只见左侧是耸立的大山，右侧是深邃的河谷，坑坑洼洼的路面把人摇得胆战心惊。随着天色暗淡，雾霭越浓，视线渐渐模糊不清，小心的司机已打开车灯照路。不料在一次激烈的摇摆时，突然车灯熄灭。下车检修的司机摊开手说："坏了，车灯全被烧坏了"，这一下，把我们惊呆了，因车无灯不敢前行。

这里距林芝还有七八十里，距最近的村庄也有二三十里。显然我们不能扛着这么多行装步行，若等到天明行车，则非冻坏不可。面对严峻形势，我们不由聚集在同行的导演老鲁周围，他是我们中唯一的共产党员，还是延安时期的老同志。经过众人反复思量，老鲁征求身旁的小王，"将碘钨灯拿出来为车照路，行吗？"小王惊叫道："这怎么行！"原来电影厂领导考虑入藏拍片不易，特意破格配给当时较为珍贵的碘钨灯，供我们拍电影时照明使用，并专派小王负责操作管理。叮嘱认真保护节约使用。听小王说："灯的寿命有限，每只仅能使用8分钟。现有的4只灯均已使用过半，且电池所剩不多。若过头使用，必将毁坏报废。"于是我们与司机细加核算，决心尽最大的努力，一起冲出困境。

当即我们像临战的战士，高站在车厢前沿，待汽车发动时，小王高举起第一只灯，把路照得雪亮。路在车轮下急速流动，至第一只灯逐渐灭暗时，小王紧接举起第二只灯，在人们紧张的注视下，汽车在激烈摇摆中奔行，待第三、第四灯用尽时，车已走过很长的一段路程，但仍未脱离险境。

夜渐深了，山野一片漆黑，风寒更重。从眼前的困境中，我们都意识到，除了继续走，已别无选择。于是将各人的电筒收集起来，以集束的光为车照路。但光束太弱，更担心发生意外，后果不堪设想。我们便都下车，走在车前打开电筒，汽车就在我们围护引导下，一步一步向前移动。在艰难的跋涉中，紧张的心绪早已驱除了饥寒困倦，不知走过了多少路，时间已在缓缓流过，直至夜里10点，终于越出了险路。

当走上坦平的路时，距最近的村庄已经不远。我们虽累得汗流浃背，但步伐较前加快，继续领着汽车大步朝前。猛然间见远处山下，闪现出一丝光亮时隐时现，司机喊道："快到了，那是驻守大桥的兵营。"我们禁不住高兴地喊叫起来，决定到村庄后派人向解放军求援。

当车停在村外路上，司机便拉着我的手，向光亮处奔去。我想着自入藏以来，尤其在边地工作的日日夜夜，我们不仅吃住在当地兵营，获得了极大便利，凡到情况复杂或危险地段，总有解放军保护我们出行。使人深切地感受到"解放军是我们贴心的亲人"。我在灯光下走进了兵营的大门，壁上的钟正指向夜十二点。

只见一位荷枪守卫的战士，转瞬便引着披衣而来的连长，看我送上的证件听我陈述，便绽开笑容捧来满杯开水。不多寒暄，立即唤人开来一辆解放牌的军用卡车。送我上车时说："这里距林芝县要走一个多小时。"转身向揉着睡眼的驾驶员叮嘱："夜里难走，开车要小心，将北京来的客人安全送到，快去快回。"我摇手握别时，心里漾起对解放军的敬意。

汽车转眼就开至村前，装上人和行装，旋即告别热情的藏族司机启行。我们倒在挡风蔽寒的车篷内，心情一旦放松，所有的疲乏困倦一起涌来，任车左右摇摆或把人高高抛起，休能把我们从熟睡中惊醒。

仿佛不多一会,有人推着我说,"到了",我张目外看,汽车已停在灯光耀眼的招待所院内。我似醒非醒地扛着行装入屋,便一头栽在床上和衣入睡,忘了向开车的驾驶兵道谢。尔后每当回忆起这夜空下艰难有趣的行程,久久浮起我对西藏强烈的怀念。

——王昭武《在西藏的归途中》,载郝时远主编《田野调查实录:民族调查回忆》,社会科学文献出版社,1999年,第471—475页。

他在"科学的春天"里获得第二次学术生命
——记云大社会学系主任杨堃教授

1947年杨堃教授应熊庆来校长的聘请，到云大继任1946年在国民党白色恐怖中被迫离开云大的费孝通先生所任社会系主任职务。与杨堃先生同时被聘请的还有他的夫人张若名，则任文史系教授。

杨堃先生在云大任教，正是我国社会发生翻天覆地急剧变革的时代。全国解放后，1953年全国高等院校进行调整，社会学被斥为"资产阶级思想"的产物，社会学系因而被撤销，杨堃先生被安排到云大历史系任民族史研究室主任，此时，多种政治运动频繁不断。杨堃先生不得不离开讲坛达二十年之久，至1978年，我国科学的春天来临，一个偶然的机会，请假自费在北京治病的杨堃被调入中国社科院民族研究所工作。在以后的二十年时间里他在获得第二次学术生命之后，迸发出马克思主义社会学、人类学学术研究的璀璨火花，得到国内社会学界的充分肯定和高度评价。

此时，我重新翻读杨堃先生近二十年来的力作，这十多本厚实的专著，五十多篇重要的学术论文，不由令人惊叹不已。记得1992年8月12日，中国社会科学院民族研究所特地在京为杨堃先生举办从事教学和科研六十周年的庆祝会。这是该所首次为表彰本所卓有成就的学者，激励后进的一次盛会。体现了党和国家"尊重知识、尊重人才"

的精神。

这天天气显得格外清新晴朗,应邀到会的约三百多人,其中除民族所的研究人员外,还有当时从全国各地来京参加中国民族学会科学讨论会的全体代表,以及首都有关院校和科研部门的学者,其中不少人是杨老的故旧和学生,形成中国民族学界的一次重要聚会。

当九十岁高龄的杨堃先生拄着拐杖到会时,满场的人起立欢迎,热烈的掌声响起。看他神态安详,但禁不住有些激动,与迎来的中国社会科学院副院长郑必坚、国家民委副主任伍精华、中国民族学会会长秋浦、副会长马曜、林耀华等许多向他祝贺的人握手,频频向人们招手致意,感谢党和国家给他如此崇高和深切关怀,相继接受各省代表的祝辞、献礼,会场上掀起一片欢腾。

主持者以"杨堃先生的学术成就"为题,展示了他在悠长的学者生涯中,虽历经艰难挫折,仍锲而不舍,呕心沥血辛勤工作。高度评价他为中国民族学的发展建设,作出了令人瞩目的成就。

他起伏的人生经历,与许多同辈学者的遭遇相似,引起不少人的强烈的共鸣,我不由想起往事。

一、青春的亮点

1976年深冬时节,我刚从西藏出差返京,便听人说杨堃先生在京养病。我们相别已二十多年,便急切地按址前往探望。他在西城租赁了一间简陋狭窄的民房,正忙着撰写书稿,看他身体单薄,但心情十分愉快。此时正值举国欢庆粉碎"四人帮"的胜利,但他无心多谈劫后余生的沉重,却兴奋地告诉我,他已接受中国社会科学院近代史研究所之约,着手撰写当年在法国勤工俭学时有关老一辈革命家的革命事迹,那是他闪光的起点。

1901年10月8日,他出生在河北大名县。后就读于该县省立第十一中学,以优异成绩获全免学费,并以全班第三名毕业。19岁时,他接受划时代的"五四"爱国运动洗礼,向往到国外寻求救国的真理。当年以名列第一考入保定省立农业专门学校留法预备班,次年被保送进法国里昂中法大学,靠勤工俭学读书。

其时,他接触到不少后来出类拔萃的革命家。他经前天津著名学生运动领袖郭隆真介绍加入"共产主义青年团",小组长是邓小平。他们一起反对北洋军阀政府的卖国活动,为表达革命意志,他改为"杨赤民"。同时还结识了前天津女界革命先驱张若名女士,她是周恩来在"觉悟社"的亲密战友,他们一齐被捕入狱,斗争坚决,现北京革命博物馆的展览厅里,把她作为领导人陈列照片和作了介绍。后在法国与杨堃志同道合,结为夫妇。

为此,1955年4月,周恩来总理和陈毅副总理在赴万隆参加亚非会议途经昆明时,曾邀杨堃夫妇话旧。总理勉励他们在多民族分布的云南,加强对边境地区民族分类、民族心理素质以及民族识别标准的研究,使他们备受启发和鼓舞。

往事历历在目,他把当年先烈在法国英勇反抗中国北洋政府的事迹如实记录下来,留存后世,作为自己应尽的光荣任务。

二、执着地对学术的追求

他缓缓谈及当年,既选择了学术事业,至今无怨无悔。

起初,他就读法国里昂大学理科,1925年获硕士学位,因兴趣转移,旋入巴黎民族学研究所,从此开始了终生的民族学研究事业。

1930年5月获里昂大学文科（社会学）博士，张若名也获该校文学博士，年底同返北京，先后在北平、清华、燕京、中法等校的社会系任教，从事人文科研工作。

在长达六十多年的工作中，他除了向人们介绍法国社会学派的理论与方法，还以此研究中国民族的婚姻、家庭、宗教和民俗等社会问题，先后发表了《灶神考》《法国民族学之过去与现在》等数十篇论文，奠定了自己的学术地位，成为继社会学先驱严复之后，与著名学者蔡元培、吴文藻、孙本文、凌纯声等开创了中国社会学。

杨堃夫妇应聘到云南大学之后，正处于风雷激荡的解放战争年代，他亲眼目睹蒋介石统治的腐败无能，已失去民心。现实使杨堃接受中国共产党的教育，从而激发起他的政治热情。1949年初，他参加了当时中共地下党的外围组织——"新民主主义联盟"，并任这个组织的教授小组组长，这年底迎来了新中国的建立。1951年他加入中国民主同盟。

然而，随着政治气候的变化，知识分子的处境每况愈下。杨先生充满感慨地说："去云南民族地区做民族调查研究乃是我多年夙愿，我本想仅去三年，结果却在云南呆了三十年之久！"他不无苦涩地说："经过多次政治运动，我全是被批判的对象。"

建国初期，有些人因思想认识上的局限和偏见，把过去的社会学和民族学视同伪科学，被冠之以种种"反动"罪名，全盘否定。对此，杨堃既不心服，也未口服。

至1953年进行知识分子"思想改造"运动之后，紧接着是院系调整，全国的大学都撤销了社会学系，云大社会系的师生均被并入其他院系，杨先生被迫转行，调入历史系，挂了一个"民族史研究室"主任的衔头，却没有再上讲坛的机会。他不甘盲从，坚信"民族学是一门科学",不能一笔抹杀,认为只有在社会主义国家,才有发展马克思主义民族学的基础。凭着这个信念支持着他默默进行民族学研究工作。

事实证明,他的认识并无错误。随着我国社会主义建设的发展,为加快各民族地区的民主改革和发展建设,日益暴露了各少数民族地区的各种情况和诸多问题,对此缺乏应有的了解和研究,影响着民族工作的正确开展。有鉴于此,1956年春,毛主席适时提出在全国各民族地区,全面开展社会历史情况的调查工作。要求在4—7年时间里摸清各民族的基本情况,弄清他们的社会性质,为各民族政治、经济和文化建设的发展奠定坚实基础,这是我国民族研究工作的主要任务。

是时,在全国各民族省区,组织和动员了成千上万的学者和工作人员,组成了16个民族社会历史调查组,深入各民族地区,开展大规模的社会历史调查工作。杨堃怀着极大的热情参加了云南民族社会历史调查组。为结合自己对民族学和人类起源的研究课题,他不顾年老体弱,主动要求到远在中缅边境、消息闭塞、道路艰险、生活较疾苦的佧佤山等地区,对处于原始状态的佤族等民族,深入村寨茅舍进行细致的调查、访问,表现了对民族学事业的极大热忱。

在艰苦的调查中,他以马列主义有关理论为指导,运用自己的民族学知识和调查方法,深入进行民族学的研究工作。在1957年间,撰写了佤族的《马散大寨历史概述》,相继发表《试论云南白族的形成和发展过程》《什么是民族学》《试论恩格斯关于劳动创造人类的学说》等,从中表达了对资产阶级的民族学的批判和继承,以期促进马克思主义民族学的建设。

不幸随着当时政治风向的逆转,有些民族学正常的学术见解,却被冠以莫须有的罪名备受挞伐。杨先生作为"资产阶级民族学"的代表人物被推上批判台。从昆明到北京的会上，遭到大小不同规模的严厉批判。其时他的妻儿也在"反右"斗争中横遭冲击，张若名女士则在杨堃先生在京开会期间因受不了对她的人格凌辱，于1958年6月含冤自尽，这对杨堃先生来说真是雪上加霜。

虽然如此，他仍不放弃自己的学术信念，继续埋头于研究工作中。1964年间，先后完成了《关于民族和民族共同体的几个问题》《关于摩尔根的原始社会分期法的重新估价问题》。对原始社会分期和民族共同体的分类，形成了对民族学和原始社会史系统的学术观点。

对他致命的打击，莫过于史无前例的"文革"浩劫，他被打成"资产阶级反动学术权威"，且因"顽固不化"被整得死去活来。先后被抄家四次，最后被扫地出门，致使他多年积累的珍贵图书、资料、稿件几乎丧失殆尽。在饱经摧残之后，1973年又被赶到"农场"劳动，被派到田边轰赶麻雀虚度岁月。他再也经受不住重重压力而肺病复发，到1975年才获准自费到北京投亲治病。

三、偶然的机遇，亲切的关怀

"文革"之后，知识分子以无比欢欣的心情迎接"科学的春天"到来。社科院民族所的学者们也冲决了多年禁锢的民族学禁区，正积极筹建民族学研究室，并与全国民族学者一道，组建中国民族学会的学术团体。他们多方搜集国内外的民族学资料，了解国际上民族学的发展情况，特此邀请杨堃先生给予帮助。

杨先生欣然应邀，他早就希望归队重理旧业，以有生之年，抓紧进行未竟的课题，以弥补失去的过多岁月。他只提出唯一要求，改善现有的工作条件，其他别无所求。社科院民族所领导蒙古史学者翁独健当即拍板决定：向云大有关当局发函，商请借调杨先生到民族所协助工作。

不久，云大历史系回函，大意是："调可以，借不行。"由于当时北京限制人口进京，若不取得进京指标，难以办理调职手续。

为使杨先生能调职入京，我们曾多方奔走。偶然找到一位熟悉的朋友，他对杨先生的处境深表同情，愿意把情况反映给他的父亲胡耀邦。稍后不久，正是在胡耀邦同志的亲切关怀下，杨先生调京的困难终于迎刃而解。

四、辛勤劳动，再创辉煌

杨堃先生调到社科院民族研究所工作后，为了使他有一个适当的工作环境，便从拥挤不堪的办公室中挤出一角，安放一张木床和一张木桌，他对此表示极大的满足。这也是他第二次学术生命的起点，他焕发出了强烈的政治热情和学术青春。他便在民族所的斗室中源源流淌出《民族与民族学》《杨堃民族研究文集》《世界民族概论》等10多部专著和30多篇学术论文，一时轰动民族所内外，把他列为中国社科院有成就的学者之一。其学术成就涉及民族学的多个领域，主要是：一、形成了自己的民族科学概念。把人类与民族共同体，确定为氏族、部落、部族和民族的依序发展阶段；二、系统阐述人类社会的历史分期；三、否定美国著名民族学家摩尔根家庭理论的局限性和谬误，坚持从母系氏族到父系部落的学说；四、正视资产阶级民族学多个流派可取的学说观点，及其积累的丰富资料和科学的调查方法，主张择优选用，以建立具有中国特色的马克思主义民族学的理论体系；五、强调深化民族学的具体研究，形成宗教、经济、政治、教育、医药等民族学分支，以利于为各民族的发展繁荣服务。

此外，他涉及的领域视野广阔。对人类起源学、神话学、人类学等都提出真知灼见。1986年前后发表的《论神话的起源与发展》《女娲考——论中国古代的母性崇拜与图腾》，相继获《民间文学论坛》的"银河奖杯"奖。

虽然他出自法国社会学派门下，但从不固执学派偏见。曾公允地评价英国功能学派、美国博厄斯学派和苏维埃学派的成就，所以1979年曾与6位著名民俗学家共同倡议，为发展中国民俗学及建立科研机构，主张不同学派联合起来共同协作，深入探讨民族学科的真谛。

他善于独立思考，从不迷信和妄从权威，对民族学界的前辈和学派，都在认真研究中作出评价，从而使他的民族学研究思想独树一帜。其坚持追求学术真理的努力和可贵精神，赢得了同行们的钦佩。

除了科研工作之外，他本是从事教育工作的学者，虽然在"文革"结束前的20年间被剥夺了登台讲学的机会，但在改革开放时代，他又重新登上北京大学、北京师大、中央民族学院的历史系、社会系讲坛。历年招收的数十位硕士、博士研究生，及他过去和现在的几辈学生中，涌现出不少教学骨干和科研带头人，活跃在他钟爱的民族学事业之中。为感念他的教诲，不同院校的历届学生，每年10月8日前来向他祝寿，逐渐自然形成社会系在京校友欢聚的盛会，连年不辍。

他为晚年欣逢盛世而深感欣慰，倾心接受党的教育，加强自身思想改造，以发展建设中国民族学事业为己任，经过刻苦的努力，终于在1983年，他以83岁高龄实现了加入中国共产党的夙愿，并于1996年被中国社科院党委评为模范党员。

曾被北京电视台《黄金五分钟》节目誉为"学界泰斗"的杨堃先生，此时已是96岁高龄。但他仍老骥伏枥，笔耕不辍。1997年6月一天突感身体不适,急送医院诊断为肺部感染,心力衰竭,经医治无效,于1997年7月26日溘然辞世,走完了他近一个世纪的漫长历程。在他弥留之际,留下了学者战士的遗言:"身后不必举行任何形式的追悼活动,遗体捐献医院解剖实验。"为他奋斗的人生,画上了一个十分感人的句号。

2001年12月15日

——王昭武《他在"科学的春天"里获得第二次学术生命——记云大社会学系主任杨堃教授》,载云南大学老战友联合会编印《云大风云(四)》,2002年,第374—381页。

后 记

32 年前，王昭武先生退休，我刚五六个月大；32 年后，我在王昭武先生家中访谈。于是，艾拉流星划过 2024 年的天空，精灵魔法使芙莉莲走向奥雷奥卢，勇者辛美尔一行的故事逐渐浮现。在那一个月里，我俩携手对抗遗忘，试图用文字将时间"葬送"，从而完成寻找"辛美尔"们的旅程，写下最长情的告白。

"这个是，那个，哎哟，名字到嘴边了，给我当翻译的——""黄远聪！""对喽，对喽！黄远聪！""这个是李什么——""李世名！""哦，不对，不像。是地方统战部的一个什么人。""那是李意鸿？""对喽！李意鸿，就是李意鸿！""这个嘛，不就是搞佤语的，你们福建的那谁的爱人——""颜其香！""哎哟，没错了，颜其香！你都记得颜其香喽！""王老师，我昨晚找到了，您说的后来去西藏调查的广东人，刘芳贤！""对喽，对喽，刘芳贤！""小杨啊，我想起来了，那个是刘照雄，还有一个金家滋。""哎哟，没想到今天还多找到了一个喻翠容，一个吴碧云，还有包尔汉的那个秘书朱志宁。""好多语言室的人我都不认识，你还知道名字。""我也是有好好做功课的嘛。""你看，真是，还能在这儿看到龙纯德。"

冬日午后，相差一甲子的两人，"费了牛劲"地在不甚明亮的灯光下,努力辨识广西调查组的成员,辨识民族研究所 1963 年参加中科院会演、1964 年参加春游的前辈,辨识老照片里过去的人与事……每辨认、核实出一个人名,都令我们开怀大笑,激动不已。因为我们深深地明白,又多留下了一个人曾经活动过的印迹。而当王昭武先生告诉我,这就是秋浦,戴小白帽的是杨玉山,"我们几个姓王的"王晓义、王良志、王辅仁,"没有李东秀,李东秀死了",那是"你的老乡陈元煦""你们北大的蔡同学","这就是侯方若嘛,我们退休的几个组织去泰山玩拍的"时,那些刻骨铭心的故事和令人肃然的未竟事业,瞬间可感可知。

差不多在书的主体成型时,我心里越发沉重,持续失眠,陷入一种略显怪异的状态,我和吴心怡讲,"有很强的写作的冲动,好像不是我在写,而是他们在推着我写"。我努力将更多故事放入,但我又清楚地知道,必须恪守学术伦理,照顾人情世故。在选择记忆,斟酌用词,反复删改时,我才越发感觉到,原来 90 年的光阴竟可以这样的轻,也能如此的重。

正像通往奥雷奥卢的芙莉莲有菲伦、休塔尔克结伴一样,我在追寻"勇者辛美尔"的旅途中也并不孤独。感谢王昭武先生和赵玉英女士允许我走进他们的内心深处,坦诚且慷慨地同我分享尘封的记忆。感谢赵天晓书记、徐文华副所长对访谈和本书创作的关心。感谢乌云格日勒老师的全力支持和悉心爱护,让这件好事更加完满。感谢奇文瑛老师一如既往的信任,毫无保留的帮助。感谢王建民教授对本书的编写体例提出了建设性修改意见。感谢刘晓春、赵炜、李秋娇、王锦、孙达珊、单宁、王寅、孔敬、马爽、翟慧、郭丹丹、邓庆平、罗丹妮、沈萌、杨宁等师友在我访谈、创作和本书出版过程中的种种付出。感谢学苑出版社对本书的肯定,感谢责任编辑陈佳老师的善意、宽容和鼎力相助。感谢褚雪芳、薛友魁、于波、庄淑凤在春节假期，不厌其烦地帮我开门、锁门。感谢办公室里还没吃完的干拌面和公仔面。感谢家人，你们总是以最诚挚的爱包容我的任性，无条件地支持我的决定。感谢王昊午、孙芃芃夫妇和张雨男，你们的鼓励、支持和参与，是本书得以完成的重要基础。最后，感谢在伦敦的吴心怡和羊大师，作为彼此"启程的契机"，是你们坚定了我的决心，并和我一道完成了这段旅程。

走着走着，我越发清楚地意识到，我不单是在访谈王昭武、追忆"辛美尔"，更是在找寻另一种可能的自我。

2月23日，在遇见阿家村，我向雨男解释编写这本书的核心概念，即"思想的追随者"的行动。我们俩都很了解，真正在当时的社会产生巨大影响的未必是后来被编入各类谱系的观点、学说和思想，它们不少是经由后人的"发掘"才得以扬名。从传承人类智慧的角度说，重点无疑应该是名家名言。但作为旨在探求时代风潮变化的一种历史研究，则必须另辟蹊径。

"思想的追随者"或许是值得尝试的一种理路。一方面，它聚焦于彼时彼刻为人所推崇、追随，风靡于时的那些观点、学说、思想，既包括卓越的思想者，也统摄普通的信众；另一方面，那些发掘、重现前人荣光的后来者，本身不就是"思想的追随者"吗？他们既可以是同一批人，在不同人生阶段追随相应的理念；也可以是不同代际，彼此间争抢"话筒"。

在书中，王昭武坦诚地告诉我们，在云南大学社会学系时，"杨堃给我们教人类学，一上来讲'人类学'英语叫什么，法语叫什么，然后解释一下是研究什么东西，他讲话又不清楚，说了半天不知道在说什么，讲了一学期，他莫名其妙，我也莫名其妙"，为我们留下极其难得的、生动的杨堃及其所代表的学术传统在新中国建立初期的接受史；在中央民族学院研究部时，"潘光旦忙，我就记得他给我开了一个书单，有《云南通志》等旧书籍，再加上马列主义的《家庭、私有制和国家的起源》，他就讲，你们不读书，来谈民族问题不好谈，没法谈"，直观呈现出新旧学术传统交替的历史情景。

在书中，我们可以看到，在滇南"边纵"工作时，"哦，我才慢慢理解，民族压迫是怎么一回事"，"我接触的少数民族都是最苦最穷最落后的，我对他们的处境体会更深，对他们感情也特别深"；参加广西少数民族社会历史调查时，"既没系统学过马列主义，也没学过民族学"的王昭武如何从依靠《提纲》，到真正打开局面——"凡事都要问个为什么，不然你去调查什么。不是说什么都现成的，没有那么现成的，人是在实际工作中培养起来的"。从后来王昭武发表的论文和访谈时的思考看，这两段特殊的经历奠定了其一生关于民族研究的认识：不仅体现在王昭武的论文写作基本就是民族志，更重要的是，其在云南河口时，"就感觉到，群众的反应很大，我们做民族研究的自然有必要去调查"。

在书中，秋浦不仅是民族研究所的领导，更是王昭武敬仰的前辈。"秋浦非常能干，头脑清楚，我很欣赏他。他说，民族所写一本简史不够，咱们还应该配套，应该有一本少数民族的画册，每个民族一本，我们还要有电影，这样的话，民族所才能够成为'中央军'。"他的话深刻影响着王昭武关于中国民族学的认知，这点在其20世纪80年代以后围绕民族学博物馆、民族志电影摄制和少数民族《画库》撰写的文章中有清楚的表达。而王昭武的思考，"我最近一直在想，我们这一代人留下了什么，我们民族所存在的价值是什么"，应该也是秋浦会问的吧。

通过王昭武，我对秋浦的认识，从2023年3月20日雨男介绍的民族所与鄂伦春渊源中的一位前辈、一个人名，逐渐变得立体：他是1962年决意革新的行动派，是"搞过业务，写过书，有电影"的多面手，是《民族学在中国》里的探路人，是临终前感慨"做到什么程度算什么程度"的理想主义者……在此，"秋浦"被塑造为一种"思想"，而现阶段的我们，正在成为他的追随者。

最后，坦白讲，我一开始有过犹豫，是应该趁着假期抓紧写两篇论文投稿，还是沉下心来把访谈做好。从结果看，我选择了后者，是对是错，恐怕还难以判断。目前，我唯一能确定的是，这一个多月的访谈之于我，就像"顶上战争"末尾，香克斯对克比说的，"你拼上性命换来的这勇敢的几秒，无论好坏，现在都大大地改变了世界的命运"。

杨园章

2024年3月20日，春分，初稿

2024年4月26日，修订